国家自然科学基金应急管理项目

"中国—东盟经贸合作高质量发展的影响因素与路径"（批准号：72441006）

广西壮族自治区哲学社会科学基金一般项目

"广西面向东盟国家扩大制度型开放的理论逻辑和实现路径研究"（批准号：24QYGB04）

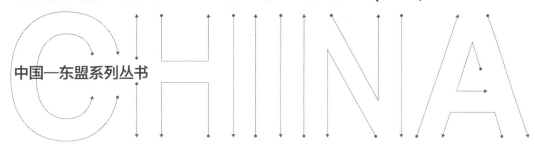

中国—东盟系列丛书

DIGITAL EMPOWERMENT FOR THE FUTURE

A Study on China–ASEAN Digital Industry Cooperation

赋能 数字

未来

柯颖　盛玉雪　郭南芸　张林　彭晴

/// 等著

中国—东盟
数字产业合作研究

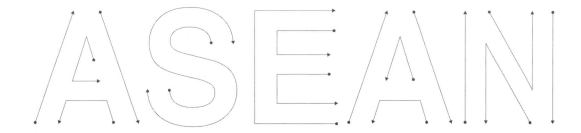

经济管理出版社

ECONOMY & MANAGEMENT PUBLISHING HOUSE

图书在版编目（CIP）数据

数字赋能未来 ：中国—东盟数字产业合作研究 / 柯颖等著. -- 北京 ：经济管理出版社，2024. -- ISBN 978-7-5096-9998-0

Ⅰ．F49

中国国家版本馆 CIP 数据核字第 2024D5H792 号

组稿编辑：曹　靖
责任编辑：郭　飞
责任印制：张莉琼
责任校对：陈　颖

出版发行：经济管理出版社
　　　　　（北京市海淀区北蜂窝 8 号中雅大厦 A 座 11 层　100038）
网　　　址：www.E-mp.com.cn
电　　　话：(010) 51915602
印　　　刷：唐山玺诚印务有限公司
经　　　销：新华书店
开　　　本：720mm×1000mm/16
印　　　张：13.5
字　　　数：208 千字
版　　　次：2025 年 5 月第 1 版　　2025 年 5 月第 1 次印刷
书　　　号：ISBN 978-7-5096-9998-0
定　　　价：88.00 元

　　本书由广西大学中国—东盟经济学院/经济学院/中国—东盟金融合作学院教授柯颖、张林，副教授郭南芸、盛玉雪，助理教授彭晴合作完成，在读研究生范氏担、赵玉玲、杨善龙、喻颖晖、李日正、刘宏福、陈耿羽、张昕泽、孙浩、王靖淞、王子实等参与了部分写作和校对。其中，盛玉雪负责全书的统稿，郭南芸牵头完成了第一章及第三篇的相关工作，彭晴牵头完成了第二章和第三章的相关工作，张林牵头完成第四章的相关工作，盛玉雪牵头完成第五章的相关工作，柯颖、盛玉雪牵头完成第二篇的相关工作。

编者按

　　党的十八大以来，在面临百年未有之大变局的背景下，中国的改革开放进入了一个新的发展时期，中国的经济发展模式也从外向型经济转向开放型经济，进入高质量发展时期，开启了建设中国特色社会主义现代化强国的第二个百年目标。在建设社会主义现代化强国的过程中，必须完整、准确、全面贯彻新发展理念，坚持高水平对外开放，深化与周边国家的经贸关系，全面推进"一带一路"建设，构建面向全球的高标准自贸区网络，加快构建以国内大循环为主体、国内国际双循环相互促进的新发展格局。

　　中国与东盟国家山水相连，人文相亲，友好往来历史悠久，互为最大贸易伙伴，中国与东盟国家之间的经济合作具有重要的战略意义和巨大的潜力。中国和东盟自1991年开启对话以来，聚焦共同发展、推进合作共赢，双边关系已成为亚太区域合作最为成功、最有活力的典范。中国和东盟国家在贸易、投资、金融、基础设施建设、科技创新等领域都有广泛的合作基础和共同利益。近年来，中国和东盟陆续签订一系列关于互联互通、合作共赢的成果文件，推进各领域务实合作，推动双边贸易持续增长，共同维护了区域产业链、供应链的稳定。特别是随着《区域全面经济伙伴关系协定》（RCEP）的全面实施、中国—东盟自贸区3.0版谈判结束以及"一带一路"倡议高质量建设的推进，中国—东盟经贸关系将进入一个新的发展时期。中国和东盟都把建设更为紧密的中国—东盟命运共同体作为共同努力的方向，双方将会全方位深化经贸领域的合作，扩大贸易规模、提升贸易质量；促进双向投资，加大在数字经济、推动跨境产业链、绿色经济等领域的投资合作；提升"一带一路"框架下贸易便利化水平，高质量推进中国—东盟自贸区 3.0 版建设，对接高标准国际经贸规则。

广西大学一直以来把东盟研究作为四大办学特色之一，1995 年就成立了东南亚研究所，经过三十年的发展，在东盟领域的教学、研究方面已经走前列。在新的形势下，教育部和广西壮族自治区人民政府签订协议，共同支持广西大学的东盟研究，并于 2024 年 4 月 28 日在广西大学挂牌成立中国—东盟经济学院，与 2005 年成立的中国—东盟研究院并轨运行，定位于"中国—东盟区域国际化人才培养基地、聚焦东盟区域国别研究基地、中国—东盟产教融合科教融汇基地、中国—东盟特色智库、中国—东盟信息交流中心"，简称"三基地一智库一中心"，这是新的定位、新的使命、新的责任。

面对复杂多变的国际形势，深化中国—东盟经贸关系、推动更为紧密的中国—东盟命运共同体建设，是时代的需要、东盟的需要，更是世界稳定发展的需要，也是时代赋予我们新的担当和新的重要使命。广西大学中国—东盟经济学院、中国—东盟研究院，将立足"一湾相挽十一国，良性互动东中西"的独特区位，强化中国—东盟国际化人才的培养、强化中国—东盟信息交流、强化服务国家战略和地方经济发展，为建设更为紧密的中国—东盟命运共同体做出自己的贡献。

基于上述考量，广西大学中国—东盟经济学院、中国—东盟研究院的"中国—东盟系列丛书"应运而生，其中包括两个方面的系列内容，一是中国—东盟经贸关系（1992～2027 年）。主要包括 1992 年中国—东盟恢复经贸关系到 2027 年 35 年的经贸关系发展进程、取得的成效以及重点、热点问题等；二是东盟发展 60 年，既包括东盟一体化发展的 60 年，也包括东盟 60 年的对外经贸关系。本丛书将会系统地梳理 35 年中国与东盟的经贸关系以及东盟 60 年发展的历程，我们相信这一丛书的完成将会进一步丰富中国—东盟研究的成果，为研究中国—东盟经贸关系、东盟区域经济一体化的研究专家、学者提供新的研究支撑，也会对开设中国—东盟课程提供有益的参考和详实的资料。本丛书也是国家自然科学基金应急管理项目"中国—东盟经贸合作高质量发展的影响因素与路径"（批准号：72441006）、广西壮族自治区哲学社会科学基金一般项目"广西面向东盟国家扩大制度型开放的理论逻辑和实现路径研究"（批准号：24QYGB04）的成果组成部分，我们也希望本丛书能够成为政府部门、企业界以及广大读者了解中国—东盟的重要参考资料，为推动中国—东盟关系深入发展、促进地区经济繁荣与稳定做出积极贡献。

本丛书是由广西大学中国—东盟经济学院、中国—东盟研究院组织广西大学的老师及相关专家撰写而成，尽管我们团队为编写本丛书积极努力，但由于对水平有限以及时间关系，书中疏漏和缺点在所难免，望专家、学者不吝赐教。

2025 年 3 月 29 日

前　言

在第四次工业革命的浪潮下，抢占数字经济发展的红利是各个国家竞相追逐的目标。基于这样的背景，中国与东盟开展数字经济合作正当其时，中国凭借自身的技术优势，与东盟各国一同投身数字技术建设，因地制宜地发展数字产业，布局数字经济发展方向。近年来，在中国与东盟各国的共同努力下，双方在跨境电子商务、数字支付、智能制造等数字产业重点领域深度合作，并取得了丰厚的成果。中国与东盟各国进行数字产业合作的主要动力，一是在于东盟自身数字化转型的发展需求以及东盟大市场所蕴含的巨大发展潜力对中国的吸引力，二是中国的数字产业发展成就及经验在双方日益紧密的经贸及技术合作下有助于刺激、带动东盟本土数字经济的发展。

然而，就目前的发展情况来看，中国的数字产业与东盟国家的合作还面临着诸多挑战，如地区企业数字化水平不足、跨境支付体系不健全、跨境物流产业链不完善、本地化数据不够丰富等，这些为双方的数字产业合作带来了新的挑战和风险，也提示着中国的数字产业在东盟各国的主要发展方向应有所侧重。未来，中国和东盟双方将在数字产业化与产业数字化、数据安全保护与政策沟通协调、智慧医疗和数字化疾病预防以及智能制造与智慧城市等领域展开具有广阔前景的深度合作。

东盟是中国周边外交的优先方向，也是共建"一带一路"的先行区和试验区，对塑造有利于中国和平稳定的周边环境有着十分重要的战略价值。近年来，全球贸易出现萎缩，各国的对外投资相较之前都显得更加谨慎，然而中国与东盟的贸易和投资额在 RCEP 等区域合作框架下均逆势增长，成为当下经济区域化的一个亮点，这体现出双方合作的强大内生动力，也为中国与东盟加强数字产业合作奠定了基础。2020 年被称为"中国与东盟数字经济合作年"，中国与东盟共同发布了《中国—东盟关于建立数字经济合作伙伴关系的倡议》。2022 年，双方又通过了《落实中国—东盟数字经济合作伙伴关系行动计划（2021-2025）》，持续加强在智慧城市、5G、人工智能、电子商务、大数据、区块链、远程医疗等领域的合作。这标志着中国与东盟国家的数字合作已经步入了一个全新的发展阶段。数字产业合作作为创新引领国际合作的新动能，在数字经济如火如荼的当下，抢占数字技术带来的前期红利是先行国出海发展的必经之路。中国与东盟各国在数字领域开展深度融合，旨在引领东盟的数字产业取得良性发展，同时让中国自身的数字产业能同步享受到东盟数字市场的发展红利。正如习近平总书记指出，"中国愿同各国一道，加强宏观政策协调，加快数字领域国际合作，加大知识产权保护，积极促进数字经济、共享经济等蓬勃发展，推动世界经济不断焕发生机活力"。

在百年未有之大变局的情况下，数字经济对于恢复东盟各国的经济社会发展，同时依托数字产业创造更多就业岗位，以此增进民生福祉的意义越发凸显。中国的数字产业如何结合东盟各国实现因地制宜的发展，并优化当地数字产业的良好布局，值得深入考量。

课题组

2025 年 4 月 30 日

目　录

第一篇　现状基础篇

第二篇　产业布局篇

第一章 总论

第一节 研究背景

一、中国—东盟拥有悠久的合作历史

自 1991 年起，中国便与东盟国家建立起了对话关系。30 多年来，我国与东盟国家交往日益密切，双方不仅在政治、经济、安全、文化等各领域开展了密切的合作，还建立了多个自由贸易区。随着双方合作的不断深化，中国和东盟形成了全面战略伙伴关系。"中国—东盟全面战略伙伴关系"是中国同东盟国家关系的重要框架，是中国和东盟共同宣布建立面向和平、安全、繁荣和可持续发展的全面战略伙伴关系。而其中，数字经济合作是全面战略伙伴关系的重要内容，是中国与东盟国家高质量共建"一带一路"的重要方向（张群，2023）。2017 年，习总书记在"一带一路"的背景下，延伸和拓展出了建设"数字丝绸之路"的建议。与以实体经济为基础的"一带一路"不同的是，"数字丝绸之路"是数字经济赋能下的共建"一带一路"国家在数字技术、数字产业等新领域的国际合作。"数字丝绸之路"的建设包括信息基础设施、网络互联、智慧城市互

通等方面的建设，为中国—东盟未来的数字经济合作奠定了坚实的基础。

2020 年是中国—东盟数字经济合作年，为了抓住数字发展机遇，双方签订了《中国—东盟关于建立数字经济合作伙伴关系的倡议》，共同打造互信互利、包容、创新、共赢的数字经济合作伙伴关系。在该倡议上，双方一致认为数字经济是亚太乃至全球未来发展的重要方向，提出了双方要深化数字技术的应用、加强数字基础设施合作、支持产业数字化转型、推动智慧城市创新发展、深化网络空间合作、推进网络安全务实合作六个方面的内容。2021 年是中国和东盟建立对话关系的 30 周年，在"中国—东盟建立对话关系 30 周年纪念峰会"上，习近平主席指出，要全面发挥《区域全面经济伙伴关系协定》的作用，加强在数字普惠、智慧城市建设、人工智能、电子商务、大数据、5G 应用、数字转型、网络和数据安全等领域的合作，拓展数字经济新领域合作，迎接第四次工业革命，共同推动经济的发展。随后，为了落实中国—东盟数字经济合作年的成果，2022 年 11 月 11 日，双方在柬埔寨金边举行了第 25 次中国—东盟领导人会议，宣布进一步加强双方在电子商务、智慧城市、人工智能、中小微企业、数字技术与应用领域人力资本开发、数字转型和网络安全等领域合作，发展数字经济。

数字产业合作正是双方为了应对世界发展变化，在经济新领域的深度合作。中国将数字产业合作放在经济发展的重要地位，东盟也正制定"第四次工业革命综合战略"，并将中国视为东盟推动本地区数字经济发展的珍贵伙伴。中国和东盟国家是地理接壤、经济互补性强的邻国，推进数字产业合作有助于促进区域一体化进程。提升中国—东盟的交流与合作水平，要加强信息技术、数字基础设施的互联互通，推动跨境数据流动和数字经济的融合发展。也正是基于此，双方正携手共同踏上"数字丝绸之路"。

二、东盟数字产业蕴含巨大的发展需要

根据谷歌 2023 年发布的 *e-Conomy SEA 2022–Through the Waves*，To-

wards a Sea of Opportunity，截至 2022 年，东南亚数字经济整体规模已接近 2000 亿美元，同比增长 20%，预计在 2025 年将达到 3300 亿美元规模，在 2030 年将超过 6000 亿美元①。2020~2022 年，东南亚整体（包括东帝汶）新增了 1 亿的互联网用户。根据国际电联发布的《2021 年亚太地区数字化趋势》，东盟十国中，有 5 个国家的个人互联网使用率低于世界平均水平（51.4%），分别是印度尼西亚（47.7%）、菲律宾（43%）、柬埔寨（40.5%）、老挝（25.5%）、缅甸（23.6%）；而其很大原因是这些国家的互联网接入率远低于世界平均水平（57.4%），如缅甸和菲律宾互联网的接入率分别只有 24.4% 和 17.7%，老挝甚至只有 1.7%，远远低于世界平均水平。从整体来看，东盟目前仍然是全球互联网使用率最高的地区之一。2021 年，Statista 发布的数字调查显示，马来西亚的社交媒体使用率达 86%，其次是新加坡为 84.4%、泰国为 78.7%、越南为 73.7%②。这是因为在东盟拥有众多的年轻人口数量，而年轻人正是使用数字社交媒体和移动互联网的主力军。年轻人更容易接触到新鲜的事物，也有浓厚的兴趣去尝试，年轻人口所具有的诸多特点不但可以推动东盟各国内部数字经济的发展，还可以推动东盟区域间的合作和整体数字经济的发展。东盟部分国家的网络接入率与使用率不匹配，表明这些国家在数字基础设施建设方面存在巨大的需求，为中国企业与东盟国家进行数字基础设施的合作建设提供了广阔的市场空间。

一直以来，东盟就是全球数字经济发展增长势头最强劲的市场之一，其主要原因是东盟数字产业蕴含着巨大的发展需求，拥有庞大的市场规模和消费潜力。基于此，东盟各国政府为了顺应第四次工业革命的浪潮，纷纷出台各类措施发展数字经济及人工智能产业。越南于 2019 年和 2020 年相继颁布的《国家数字化提案》和《至 2025 年国家数字化转型计划及 2030 年发展方向》等文件提出，至 2025 年，数字经济达到越南 GDP 的

---

① 资料来源：https：//economysea. withgoogle. com/report/。

② 资料来源：https：//www. statista. com/statistics/487981/social-penetration-in-southeast-a-sian-countries/。

20%，在各行业和领域中至少占10%等一系列发展目标。印度尼西亚也正式推出"制造印度尼西亚4.0"（Making Indonesia 4.0）计划及其路线图，对印度尼西亚开展第四次工业革命进行战略性布局。新加坡的"智慧国家2025"和"国家人工智能核心"（AI. SG）计划等，也大力推广发展数字经济及人工智能产业。泰国2017年发布的《泰国行业数字化转型洞察：老龄化社会、农业、旅游业的数字化路线图》和马来西亚2019年发布的《2030年共享繁荣愿景》，都提出要大力建设本国数字基础设施、发展数字经济产业。

同时，数字产业的发展和转型升级，离不开数字基础设施的支持，而东盟各国的数字基础设施建设有待升级。东盟秘书处（The ASEAN Secretariat）于2021年公布的《东盟数字总体规划2025》指出，缅甸、柬埔寨的网络普及率还不及80%，老挝甚至更低，只有43%[①]。因为这些国家中大部分人口还处于农村地区，4G网络信号覆盖范围还不到3/4，由于网络信号覆盖率低，只有37%的农村家庭能够接入互联网。

虽然亚太地区的卫星宽带和卫星连接方案为解决"数字鸿沟"这一问题提供了一种有效的手段，但东盟国家数字人才资源匮乏的问题不容忽视。大部分东盟国家在推进本国数字建设的过程中，不仅面临资金不足的困难，更重要的是还面临着人才资源的短缺。数字产业的发展需要有大量的数字技术和产业经验的跨界人才及数字技能型人才，目前，东盟国家主要依靠吸引国外人才。正是由于数字经济具有资本密集性、技术密集性和数据密集性相互叠加的特征，东盟大多数国家的劳动力市场和培训系统尚无足够的灵活性来应对这种变化（James等，2016），导致本国数字经济发展的困难。

三、中国数字产业优势助力东盟发展空间巨大

中国在数字技术、电子商务、通信设备等领域具有较强的技术实力和

---

① 资料来源：https：//asean. org/book/asean-digital-masterplan-2025/。

产业优势，在人工智能、大数据、云计算等领域取得了显著成就，拥有一批领军企业和创新技术；而东盟国家则拥有丰富的自然资源、劳动力和制造业基础。与东盟国家开展合作，双方可以利用各自的优势，通过技术交流、共同研发等方式，共同开展数字产业创新和发展，帮助东盟国家提升数字产业水平，推动我国经济结构转型升级，实现互利共赢。

表1-1显示的是中国信息通信研究院在《全球数字经济白皮书（2022年）》中统计的东盟5个国家和中国的数字产业规模。从数字产业整体规模来看，中国数字产业规模体量大，位居世界前三；而东盟各国数字产业体量偏小，数字产业规模占国内生产总值的比重较低。东盟各国主要的数字经济产业可以分为电子商务、在线媒体、线上旅游、网络交通四大类。其中，在线媒体深受东盟国家年轻人的喜爱，在线旅游业也是当前数字经济中最成熟、最稳定的行业之一。我国人口基数大，数字网民众多，可以帮助东盟国家依靠强大的在线旅游业带动自身数字化转型。

表1-1 2021年中国与东盟部分国家数字经济与GDP规模

单位：亿美元，%

国家	数字产业规模	GDP 规模	数字经济占 GDP 比重
中国	62320.00	178204.59	34.97
印度尼西亚	1473.00	11865.05	12.41
马来西亚	937.00	3729.81	25.13
泰国	724.00	5055.68	14.32
越南	473.00	3661.37	12.90
新加坡	1729.00	4237.97	40.81

资料来源：中国信息通信研究院及世界银行。

在基础设施上，第五代移动通信技术（5G）是经济社会数字化转型的关键。根据 A. T. kearney 发布的 *5G in ASEAN: Reigniting Growth in Enterprise and Consumer Markets*，对东盟的5G分析报告表明，东盟国家的5G市场具有巨大的发展潜力。报告显示，预计到2025年，东盟的5G用户数量将超过 2 亿，其中，印度尼西亚作为东盟十国中拥有人口数量最多的国家，预计将会有超过 1 亿的用户数量。同时，东盟主要国家的 5G 渗透率将达到 25%~40%，而新加坡作为东盟唯一的发达国家，5G 渗透率将超过 50%。东盟国家 5G 市场对运营商来说具有丰富的潜力，到 2025 年，5G 可为消费者收入增加 6%~9%，为企业收入增加 18%~22%。而中国拥有三大运营商：移动、电信、联通，不仅具有建设 5G 基站的强大能力，也有资金体量的支持，可以帮助东盟各国提高数字基础设施建设的质量和效率、降低数字经济运行成本、保护数据隐私、维护网络安全等。另外，中国在人工智能、大数据、物联网等领域也具有强大的技术实力和创新能力。中国的科技企业在这些领域取得了重要突破，可以为东盟国家提供先进的技术和解决方案。中国移动在新加坡自建自营的数据中心正式启动；华为正在新加坡、马来西亚投资建设大数据中心，并在泰国建立了 5G 测试平台；中国电信也进入菲律宾通信市场，成为当地的第三家电信公司。

在互联网用户群体和电子商务市场上，东盟国家的年轻人会在 Lazada 和 Shopee 等电子商务平台上购买商品；在出行时会选择 Goto 和 Gojek 提供的网约车服务；会根据医疗保健网络平台 Halodoc 发布的权威信息科学用药，进行在线问诊。巨大的市场需求为中国的企业带来了发展机遇，中国科技企业抓住此机遇，纷纷到东盟国家布局业务。阿里巴巴已在马来西亚启用 eWTP 数字化运营枢纽；腾讯在马来西亚推出 WeChat Pay MY（大马版微信支付），当地用户可以用令吉转账、支付，为用户提供了一种简单、安全以及便捷的移动支付体验；京东在印度尼西亚和泰国部署了自己的电商平台，建立了智能物流中心；滴滴出行联合领投东南亚移动出行平台 Grab 为用户提供便捷的出行服务和数字服务。

《东盟数字总体规划 2025》调查显示，东盟国家数字经济发展缓慢的关键原因之一是缺乏投资，在国内可用投资资金不足的情况下，东盟鼓励和支持各国利用全球投资资源，促进跨境投资。中国企业在数字技术、电子商务、5G 网络等领域具有丰富的投资经验和资金优势，可以推动跨境电子商务、数字支付、互联网金融等领域的发展，为企业创造更多商机，满足东盟市场的需求，共同开拓数字经济发展空间。

四、RCEP 为中国—东盟的合作提供了良好的环境

RCEP（《区域全面经济伙伴关系协定》）是中国与东盟国家以及其他相关国家达成的全面、高水平自贸协定，是覆盖广、标准高的多边数字贸易规则，对服务贸易、电子商务、知识产权、数据流通、跨境电商等多领域制定了详细的规章制度，使区域内贸易和投资更加标准化、便利化，这为中国和东盟开展数字产业合作提供了更加稳定的政策保障和可持续的市场机会。

在跨境贸易数字化方面，RCEP 中的电子商务章节描述了目前覆盖区域最广且内容全面广泛的电子商务国际规则，对中国跨境电子商务发展起到重要促进作用。这一章节对贸易便利化、跨境电子商务等方面进行了规定，为电子商务创造有利的环境。例如，RCEP 中的电子商务章节的第4条提出了成员国之间开展有针对性协作的要求，包括通过研究、培训活动和技术援助等方式，在数字贸易互联互通上达成共识；第12条强调了成员国应及时公布与本章数字法规相关的所有措施的落实情况，增加透明度；第16条针对数字产业标准、数据传输链维护、信息服务数据监管、特定产品关税减免等领域进行了细化协商，设置了一个常态交流机制，为协定方在跨境电商领域的一致性和关键利益议题提供了讨论的平台。总之，在电子商务跨境数字化贸易方面，RCEP 促进了贸易交流的便利，提高了贸易问题解决的效率，推进了贸易标准化与规范化，提升了贸易透明度。

在数字知识产权保护方面，RCEP 也有明确的规定。RCEP 的知识产权章节对数字贸易领域的知识产权保护规则进行了全面的规范，维护知识产权，避免跨境经贸中的知识产权争端降低数字贸易的风险，增强企业开展跨境电子商务的信心。

在保护数据安全和隐私权方面，RCEP 为各成员国提供了必要的信息

传输保障。RCEP 鼓励数据跨境流动，同时也强调数据安全和个人数据隐私权的保护，这在全球数据安全形势复杂、个人隐私保护问题凸显的背景下显得尤为重要。RCEP 的数据安全和隐私规范既为数字贸易的发展创造了有利条件，又在一定程度上避免了数据安全和隐私泄露等风险，有助于建立公正、公平的数字贸易环境。

RCEP 中的原产地规则是一个极具特色的章节。原产地规则将所有RCEP 成员国看作是一个统一的整体，各国都可以享受到区域内的优惠政策，该规则的制定为中国与东盟国家之间的国际合作提供诸多利好。第一，可以降低数字贸易的关税壁垒。在统一整体下，跨国数字贸易和服务可以在多国之间流转传播，贸易国可以享受到关税减免，从而降低贸易成本。第二，提高数字服务和产品的质量。在统一整体下，数字技术可以在各个成员国之间高效流通和传播，成员国可以利用各自的优势进行生产活动，提升数字服务和数字产品的质量。第三，提高协调与合作的效率。区域的一体化给予企业的是更多的选择权，数字贸易企业可以根据不同国家的规定，调整自己的供应链和生产流程，选择最优的生产地点，灵活选择不同国家的不同企业，实现更有效率的合作和更快的发展。

综上所述，RCEP 有助于推进中国—东盟数字产业合作，加强两个区域之间的互利合作，深化跨境数字贸易交流，提升数字经济发展水平，促进区域经济一体化进程。RECP 有望成为中国和东盟参与全球高标准数字贸易的重要助力，成为中国与东盟国家进行跨境数字贸易的重要推动力。同时，这也是在新技术革命和数字经济浪潮中，中国与东盟国家抓住机遇、实现共赢的重要举措。推进中国—东盟数字产业合作有利于加强两个区域间的经济联系，实现互利共赢，推动数字经济的发展和区域一体化进程。同时，中国—东盟数字产业合作也为企业创造更多商机和市场拓展空间，助力双方共同应对数字时代的挑战和机遇。

第二节　相关概念与研究动态

一、数字经济及数字产业内涵

数字经济概念的提出最早可以追溯到 1996 年 Don Tapscott 撰写的《数字经济：智力互联时代的希望与风险》，书中描述了数字经济的一般特征，但并未对其概念做出清晰的界定。随后，美国商务部于 1998 年发布了《新兴的数字经济》报告，由此数字经济的提法正式成型。早期，数字经济的研究被认为是一种信息经济，Brent（2000）把数字经济解释为既包括信息技术又包括电子商务的载体。随着研究的深入，数字经济有了更明确的界定：数字经济被用来指代一系列部门、一系列产出和一系列投入，它由"信息通信技术"和"数字内容"两部分组成（Nathan 和 Rosso，2013）。数字经济的定义有广义与狭义之分。狭义上将数字经济视为一种产业经济，数字化货物和服务的生产、消费与分配活动需从依附于传统国民经济活动的部门中剥离出来，发展成为国民经济中独立的核心产业，即数字化产业（许宪春和张美慧，2020）。而广义来看，数字经济是基于互联网及相应新兴技术（如移动互联网、大数据、云计算、人工智能等）所产生的经济活动的总和，既包括电子商务、互联网金融等互联网产业，也包括传统产业的数字化转型（荆文君和孙宝文，2019）。中国在《二十国集团数字经济发展与合作倡议》上给出了数字经济的定义：数字经济是指以使用数字化的知识和信息作为关键生产要素、以现代信息网络作为重要载体、以信息通信技术的有效使用作为效率提升和经济结构优化的重要推动力的一系列经济活动。

数字产业的内涵研究颇为丰富，数字产业的演化大致经历了四个阶段。最初，数字产业是以数字信息技术产品的生产制造为主的信息产业，包括一切与信息生产、加工、流通和利用有关的产业。联合国经济合作与发展组织早在 1981 年的《信息活动：电子和电讯技术》报告中将信息产业划分为信息生产、加工、传播和基础四个行业。2010 年，《国务院关于加快培育和发展战略性新兴产业的决定》提出了要加快新一代信息技术产业的发展，包括信息网络基础设施、新一代移动通信、下一代互联网核心设备和智能终端的研发及产业化，数字虚拟技术的发展，丰富了信息技术产业的内涵。而后随着互联网技术的飞速发展以及智能设备的兴起，数以亿计的互联网数据不断交互，规模越发庞大，围绕着数据的采集、处理、加工与应用的大数据商业化应运而生，形成了大数据产业，成为数字经济产业的一部分（张远鹏和于诚，2021）。紧接着，在党的十九届四中全会上提出将数据作为生产要素参与分配，数字产业的发展进入了新的阶段。数字技术与传统产业相互作用、渗透融合，为实体经济的创新发展注入了新的动力。数字技术改变了传统产业原有的生产模式，形成了独具创新性的产业数字化形态，并且产业数字化以传统产业中因为数字技术的融入而创造的增加值部分以及新兴业态部分为表征（吴瑛，2021）。最后，是以智能化为代表的工业化和信息化的高度融合，数字产业的发展进入了数字化的高级阶段，体现为以物联网、机器学习、人工智能、区块链等前沿科技应用于实际场景的形态。

二、数字技术及应用

数字技术是在计算技术、微电子技术和现代通信技术组成的新技术群体不断发展的基础上演变而来，其本质是实现对各类信息的识别、转化、存储、传播和应用等功能（彭刚等，2021）。数字技术通过一系列互补性技术、产业、制度、政策的构建，最终牵引完成生产力、生产方式乃至生产关系的全面变革（张新春，2021），数字技术已然开启对经济社会组织方式和运行方式的重塑，为社会生产与再生产过程构建起数据与算法驱动的数字体系（张新春和张婷，2022）。

数字技术作为一个技术体系，主要包括大数据、云计算、物联网、区块链、人工智能五大技术。从个人层面来讲，大数据可以应用到个人征信上，通过对个人的信用数据进行不断的采集、评估和预测，可以实现对个人信用的动态分析（Guo 等，2018；Cai 等，2018）。从企业层面上来看，大数据对公司的绩效有一定的提升作用，但是存在着一定的时滞效应（徐国虎和田萌，2017；李向阳，2021）。从整个金融行业的层面上看，大数据在互联网金融中具有极大的运用价值，能够提升金融行业的信息化水平（何培育，2017）、促进金融业深化风险管理模式、优化网点资源配置（程立国等，2013）。云计算与大数据的关系较为密切，从整体来看，云计算强调对大数据的计算、处理能力（秦荣生，2014）。云计算与大数据的结合运用，有助于企业降低成本，推动生产率的提升（徐强和熊晓娇，2023）。对于物联网技术的研究，少部分学者认为物联网技术不仅可以对质押物进行实时监测以降低损失（Wuttke 等，2016），还可以有效防范动产重复质押的风险（蒋凌燕和王晓光，2019）。更多的学者还是基于供应链金融的视角，研究物联网在供应链金融上的应用。物联网技术引入供应链金融，可以降低商业银行对企业信用风险的评估难度（肖燕飞和钟文彬，2012），降低商业银行的信贷风险（郭瑞波和陈永，2014），缓解信息不对称带来的约束并降低风险（潘娅媚，2017）。同样地，区块链技术在供应链金融上的应用，能够加快供应链金融的业务流程，降低融资成本（Hofmann 等，2017）。对于企业来说，区块链技术建立起来的信息共享机制可以有效解决因信息不对称性所引起的逆向选择问题（林心怡和吴东，2021），不仅能有效提高企业的交易效率，帮助企业建立合理的信任机制，减少信任危机，进而降低信用风险（Zhao，2020），同时也能够降低金融机构的融资风险（孙睿等，2023）。关于人工智能的研究，当前多是研究对于企业全要素生产率的影响。例如，Koch 等（2021）、张龙鹏和钟易霖（2023）分别基于西班牙和中国 A 股上市公司的数据实证研究得出人工智能在企业中的整体应用显著提升了企业的全要素生产率。

五大数字技术赋能经济发展，促进企业转型升级，大多是对制造业、服务业等的推动作用（李晓华，2021；李帅娜，2021）。现有的文献主要是通过数字技术的创新、产业结构的优化等不同方面进行讨论。从创新的角度来看，数字技术主要是通过提升技术创新、增强通用性资产投资、打破地理空间局限来推动制造业与服务业的融合发展（钞小静和元茹静，2023）。从微观角度来看，企业应用数字技术可提高运行效率、管理效率和资源配置效率；从宏观角度来看，数字技术提高了全社会的数据整合交换能力，数字技术的投入使用能催生出新的业态、新的模式，有助于促进市场主体的创新，进而提高整个国民经济的全要素生产率（矫萍和田仁秀，2023）。从产业优化方面来看，以大数据、云计算、区块链、人工智能等为代表的新技术，可以加快传统制造业向中高端制造业迈进的步伐，还能够促进制造业与服务业的深度融合发展（刘洋和陈晓东，2021）；数字技术与生产部门的集成整合将长期助力产业结构优化调整，深化实体经济数字化转型，实现产业结构优化升级，推动经济高质量发展。具体来看，企业的数字化转型能够显著提升其实业投资水平，研究表明增强产品核心竞争力、拓展市场战略布局和提升运营管理效率是企业数字化转型释放赋能效应的重要路径（李万利等，2022）。企业的数字化转型提高了企业全要素生产率（赵宸宇等，2021），提升了中国上市企业专业化分工水平（袁淳等，2021），提升了股票流动性（吴非等，2021）。

三、数字产业核算与影响效应

关于数字产业的核算，最早是从增加值的角度出发测算数字经济规模。OECD 最早提出数字经济的测算框架，主要从数字媒体、电子商务等方面出发，利用增加值进行测算。但是 Pan 等（2022）认为数字经济是一个复杂的概念，仅简单地从互联网和信息技术出发测算数字经济是不全面的。于是 Ma 和 Zhu（2022）构建了包含数字基础设施、工业数字化转型、数字化发展可持续性和数字产业融合发展四个维度来衡量数字经济的综合指标体系。国内最早对数字经济进行测算的学者是康铁祥（2008），他主要是从电信和信息传输服务业、计算机整机和设备制造业、电子元器件制造业、通信设备制造业等 8 个数字产业的增加值进行估算。数字产业对 GDP 的贡献，应该是由数字技术带来效率提升所对应的增加值,这部分贡献应归属于数字经济。蔡跃洲(2018)从增量测算入手,按照"先增量后总量、先贡献度后规模"的思路,将增长核算与常规 GDP 核算方法相结合,构建起操作性和准确性较强的测算框架。运用相同的思路,金星晔等(2020)利用增长核算账户框架计算数字经济规模,发现随着数字技术的快速发展,数字技术与实体经济融合渗透愈加广泛,要全面地衡量数字经济的规模与影响,不应局限于数字产业,还应该注意到数字技术与信息作为关键生产要素在提升着传统经济的生产效率。许宪春和张美慧(2020)结合国民经济行业分类,测算数字经济相关行业的总产出与增加值。而朱发仓等(2021)从国民经济行业分类目录中分离出数字技术生产部门,将数字技术视为资本投入要素,采用生产法核算其增加值。随着对数字产业核算研究的深入,有学者采用了新的测算方法,尝试编制中国数字经济卫星账户(DESA)框架对数字经济进行测算。向书坚和吴文君(2019)同样也研究了中国 DESA 框架的设计原理及可行性,构建了包含生产、收入分配和积累核算的数字经济核算框架,并对 2012~2017 年中国数字经济主要产业部门的增加值进行了初步测算。罗良清等(2021)通过对比国际和国内的数字经济核算框架,结合实体经济和数字经济,将数字产业分为数字经济基础产业和融合产业,以及将产品分为数字产品和数字化产品,更加准确地识别数字经济核算界限,构建了更加全面的中国 DESA 基础框架。

数字产业对经济社会的影响是多方面的,对经济社会的溢出效应主要体现在产业数字化(王俊豪和周晟佳,2021)。数字产业具有强大的渗透性,已经广泛渗透到经济社会的各行业、各领域。数字产业改变了人们传统的生活方式,人们借助淘宝、京东等在线购物,借助支付宝、微信等完成在线支付,在线教育突破了时空的限制,在线挂号看病缓解了医疗资源紧张与偏远地区"看病难"的问题,线上政务也解决了民众"办事难"的问题。在经济上,数字产业对全要素生产率有显著的正向影响(万晓榆和罗焱卿,2022);在环境上,数字产业能通过赋能上下游产业技术革新实现碳减排,推动国家低碳转型发展(易子榆等,2022)。

第三节　中国—东盟数字产业发展与
合作研究进展

一、中国数字产业发展相关研究

根据中国信息通信研究院发布的《中国数字经济发展研究报告（2023 年）》，数字产业具体包括电子信息制造业、电信业、软件和信息技术服务业、互联网行业等。目前，我国电子信息制造业效率为西南地区最高、东北地区最低（刘志鹏等，2019），电子信息制造业的产业集聚同产业增长呈显著倒“U”型关系，且具有向外转移的趋势（席艳玲和时保国，2017）。电信业的发展呈现东部优于西部的趋势。在相对富裕的东部地区，经济增长对电信业的发展有一定的推动作用，而在西部则没有（王欢和王增民，2014）。也有学者认为数字产业应该包括云计算、大数据、互联网金融等新兴产业（刘淑春，2019）。中国云计算应用目前已全方位覆盖到包括游戏、电商、社交等内在的互联网行业和以政府、金融为首要突破口的政务及传统生产性服务业（郭朝先和胡雨朦，2019）。经过多年努力，我国大数据产业和数据要素市场构建成效显著，呈现区域集聚协同发展态势（李文军和李玮，2023）。在互联网金融方面，黄杰（2021）发现中国互联网金融发展具有显著的空间关联网络特征，上海、江苏等省份在网络中处于核心位置，对我国的互联网金融发展具有“引领”作用。

从整体来看，迟明园和石雅楠（2022）认为中国数字产业的发展通过改变传统产业生产方式，促进传统产业的智能化、个性化变革，推动传统产业内部流程再造；通过改变传统产业组织方式激发产业创新力的方式，促进传统产业结构的升级改造。张永姣等（2023）发现中国数字经济产业发展规模呈"U"型发展趋势,全国数字经济产业呈现"城市群带动、沿海大集聚—内陆小集聚"的空间格局。潘为华等(2021)依据中国 31 个省份的面板数据进行研究,发现中国数字经济发展水平呈现出"东部地区>中部地区>东北地区>西部地区"的格局,发展速度则呈现出"中部地区>西部地区>东北地区>东部地区"的格局。

虽然中国的数字产业发展迅速,但是仍然存在着一些问题。王军等(2021)通过构建数字经济发展指数测度框架,发现不同区域的数字经济发展水平存在较大差异,呈现"东—中—西"与"沿海—内陆"递减的格局,中国数字经济发展的不充分与不平衡问题依然严峻。同时,我国数字化供需不均衡、不匹配,大数据应用水平不高,各行各业数字化转型有待提速,数字化领域人才欠缺等问题也阻碍了数字经济的纵深发展(王伟玲和吴志刚,2020)。

二、东盟数字产业发展相关研究

东盟国家数字经济及产业正快速发展。美国咨询公司贝恩(Bain)和经济学人智库(The Economist Intelligence Unit)预估东盟地区拥有超过 6.5 亿的潜在客户群,如果数字经济能够蓬勃发展并突破障碍,到 2025 年,东盟的数字经济有可能使产出增加数千亿美元。

关于东盟数字经济及相关产业的发展现状与问题,学者对越南、马来西亚等东盟国家进行了相关案例研究。关于印度尼西亚,研究认为印度尼西亚数字经济市场的主要领域为电子商务、在线旅游、在线媒体、金融科技、应用和游戏市场与在线广告等。目前,中国企业对印度尼西亚数字经济的投资主要集中在在线零售和互联网金融领域(林梅和周漱瑜,2020)。关于越南,2017 年,越南政府总理批准了《越南数字化知识体系提案》,旨在普及全国数字知识,为数字化创新创业活动提供基础。2019年,越南政府又颁布了《国家数字化提案》,并于同年 5 月提出国家数字化转型愿景,将数字化转型分为 3 个阶段,力争到 2030 年全面实现经济社会的数字化。越南的移动通信网络发展迅速,智能手机及其应用市场巨大，其移动支付市场正在高速发展（金丹和杜方鑫，2020）。关于马来西亚，研究发现信息与通信产业（ICT）占马来西亚数字经济的七成以上，是马来西亚数字经济的主要产业和驱动增长的重要引擎（刘园园，2020）。关于新加坡，研究认为该国一直将自己定位在东南亚的数字中心，并实施了各种举措来支持数字经济的发展，包括投资数字基础设施建设、支持科技初创企业的发展、股利支持企业和政府采用数字技术等（Putri 等，2023）。新加坡作为东南亚唯一的发达国家，强劲的数字经济竞争力以及较为中立的国际地位支撑了其对亚太政治资源的整合，通过联结拉美的智利和大洋洲的新西兰，形成"金三角"式的数字地理结构范围（牛东芳等，2023）。关于泰国，2016 年，泰国政府正式提出"泰国4.0"战略，希望通过创新技术手段，聚焦十大战略产业，推动产业转型，走出"中等收入陷阱"，迈入发达国家行列。研究发现，泰国正在努力通过将其经济从工业驱动型国家转变为高科技驱动型国家来改善经济增长（Bukht 和 Heeks，2018）。

关于东盟数字经济发展面临的挑战，研究认为数字化创造了新的就业机会，摧毁了旧的就业机会，并改变了现有就业机会的构成。由于数字化促进了偏向技能的技术变革，造成了劳动收入不平等的加剧（OECD，2014）。劳动力市场的这种混乱引发了人们的担忧，即数字化可能会带来无就业增长，并加剧现有的收入分配差距（Cowen，2015）。此外，数字化还给发展中国家带来了特殊的挑战，数字经济效益的最大化取决于基本的信息通信技术基础设施水平，而许多新兴经济体目前仍缺乏相应的基础设施（Dahlman 等，2016）。

三、中国—东盟数字产业合作相关研究

中国与东盟的合作范围涵盖数字基础设施建设、网络安全、跨境电商、智慧城市、电子商务、大数据、5G 应用、数字转型、数字金融、人工智能等多个领域，相关的研究也围绕不同的领域以及相关的制度开展。在网络安全领域，王睿（2023）认为东盟存在较为严重的"数字鸿沟"

和资源要素投入不足的问题，严重制约了中国—东盟合作水平的提升。中国—东盟应基于现有的理念共识、制度基础和战略互补优势，构建面向未来的数字治理战略合作框架，寻求跨境数据流动规制的新平衡，以确保数据流动的安全（徐怡雯和韩璐，2022）。在电子商务方面，林大伟等（2021）进行了相关梳理，发现在中国的阿里巴巴收购了新加坡最大的电子商务平台来赞达后，中国的社交网络应用程序抖音也在新加坡建立了一个数据中心，中国专业加密货币采矿设备的顶级供应商 Bitmain 也选择了在新加坡设立其区域总部。在数字转型方面，李云龙等（2022）认为中小企业数字化转型也是中泰两国数字经济合作的重要内容：2020 年 9 月，华为泰国公司与泰国数字经济促进局联合建立 5G 生态系统创新中心，计划在 3 年内孵化 100 家当地科技类中小企业和初创企业。华为公司还联合泰国建设了全国首个 5G 华为"数字小镇"，作为推动与东盟国家中小企业数字化转型合作的新平台。在制度方面，赵儒南（2022）认为中国申请加入《区域全面经济伙伴关系协定》会在一定程度上带动其他亚洲国家和潜在参与者加入该协定，有利于提高地区性数字经贸合作整体能力；另外，中国加入该协定后，可以为中国—东盟在电子支付、数字身份、金融科技、大数据联通等数字技术方面提供技术支持，为中国—东盟数字产业合作提供高质量的立法体系和安全标准。此外，Li 等（2020）强调了在数字经济时代创新的重要性是创新不仅应涉及技术，还应涉及组织、管理方法和商业模式。互联网平台和服务创新、IT 创新成为数字经济未来发展的关键。中国和东盟国家要想在数字经济时代赶上其他国家，就需要积极推动基础设施和商业模式的合作。

四、文献评述

通过对数字经济现有文献的梳理可以看出，目前学术界对其的研究大致呈现以下三个特点：

第一，不同国家对于数字经济具有不同的理解，以此衍生出对数字经济不同的解释，所以不同国家对于数字经济的侧重方面不一样。随着数字经济的发展，学者们对数字经济进行更加深入而广泛的讨论，最后对于"数字经济促进经济发展"的观点基本一致。

第二，对于数字技术的研究，大多数学者从实证方面，研究大数据、云计算、物联网、区块链、人工智能这五大数字技术对企业的作用。

第三，现有的文献对中国—东盟的数字经济合作研究大体上可以分为两类。一类是对中国—东盟数字经济的基础设施进行讨论，并通过双方的企业合作交流，对数字经济在通信技术、智能应用、基础建设等方面的应用进行剖析；另一类主要讨论了东盟国家各自的数字经济协议和中国—东盟有关的数字经济协议，并分析了未来可能的合作方向与发展趋势。

以上的文献研究虽然进行了广泛而有意义的探讨，但是仍存在着一些不足：

第一，数字经济的含义颇深，数字经济的合作内容也极其宽泛，已有的文献虽然对其进行了研究，但是鲜有文献对数字经济的内容进行系统性的分类和梳理，归纳与总结也尚不全面。

第二，大量的文献研究中国—东盟的数字经济合作，现有的分析主要聚焦于与中国发展较为密切的国家，如新加坡、马来西亚、印度尼西亚和越南，而对于发展相对较慢的国家，如老挝和柬埔寨等，缺乏深入的讨论。

第三，尽管中国与东盟国家技术水平和基础设施上的差距是制约中国—东盟数字经济合作的重要因素，但还有其他诸多因素同样重要，例如，自然因素、人为因素以及国际环境等，这些在文献中鲜有提及。

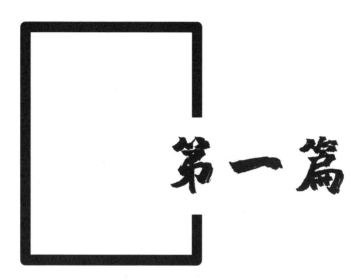

第一篇

现状基础篇

第二章 中国数字产业发展现状

随着信息技术的快速发展，全球进入了数字化时代，数字经济成为一种新的发展形态，成为当代社会经济发展的主要动力，数字产业成为世界数字经济社会竞争力指数的重要指标。数字经济的发展在中国受到了高度重视，中国政府制定了多项政策推动数字经济的发展，深入实施数字经济发展战略。中国拥有人口众多、市场规模庞大、互联网企业不断涌现等优势，使中国的数字产业发展持续向好。根据《中国数字经济发展报告（2023）》，2022年中国数字经济持续发展壮大，数字产业总体保持稳定增长。软件与信息技术服务业发展态势良好，营业收入稳步上涨，其中信息技术服务领域收入有较快增长，云服务和大数据、电子商务平台技术发展收入增长较快。互联网和相关服务业迅猛发展，研发投入持续增加，东部地区为互联网收入的主要来源地区。电信业运行整体良好，新兴业务收入增速突出，5G网络建设稳步推进。电子信息制造业前景运行良好，稳中提质，营业收入稳步增长，固定资产投资持续增加。中国数字产业的发展面临一定的机遇，技术创新驱动数字产业的发展，数字产业的发展又推动传统产业转型、促进区域经济增长，建设数字产业集群。但中国数字产业也面临着一些挑战，关键领域的"卡脖子"技术使供应链产业链存在断链的风险，数字治理的制度还需进一步完善，数字产业的不确定性给数字产业的发展带来风险等。本章主要讲述了中国数字产业的发展现状以及面临的机遇与挑战。

第一节　中国数字产业发展的背景及原因

一、中国数字产业发展的背景

从信息经济到数字经济，信息技术越来越发达，数字技术的创新、渗透、融合提高了人们的生产效率和沟通效率，降低了时间和空间上的交易成本。新产品、新业态、新模式不断涌现，相对于传统产业的新型产业不断升级，人类的生产方式、生活方式和组织方式都发生了变革，人们更加依赖信息技术所带来的便利。全球已经进入了数字时代，数字经济作为一种新的发展形态，已经成为当代社会经济发展的主要动力，对世界政治、经济、科学技术等方面产生了深远的影响。随着数字化技术的发展和在各个领域的应用，许多新的生活方式正在快速发展，电子商务的快速发展、手机支付的大范围普及、网上购物、在线课程学习、直播等依托于数字技术的新业态不断涌出，网络平台也越来越多，各国之间关于数字经济的沟通与合作越来越频繁。

随着数字经济这一概念被广泛接受和应用，数字产业作为数字经济的一个分支，也受到众多学者的关注和研究。最初，数字产业没有一个明确的界定，大多数学者都普遍认为信息通信产业是数字产业的主要部分，现有的大多数文献研究方向也主要是信息产业对经济增长的作用。2018年10月，上海市社会科学院信息技术国家研究所公布《全球数字经济竞争力发展报告（2018）》，在世界数字经济社会竞争力指数中新加入了数字产业这一指标，并把它划为一类指标。中国的数字产业研究不断发展，不单单局限于信息通信产业，开始扩展到其他领域，工业数字化、农业数字化、服务业数字化的研究也在不断丰富，数字技术、数字创意、数字商务和数字民生等产业也都属于数字产业的范畴。阿里巴巴、毕马威、腾讯集团研究院、上海社科院和中国信息通信研究院等都在研究报告中提出并应用数字产业这一概念，其中，中国信息通信研究院对于数字产业的定义和内涵得到了学术界和业界的广泛认可。数字经济包括数字产业化、产业数字化、数字化治理、数据价值化。数字产业化是产业数字化的基础，而数字产业为产业数字化提供各种产品与解决难题方案，它以数据为生产对象，以数字技术为生产方式，介入社会各行业进行活动，能够增加其他行业的效益。数字产业得到了学界和业界的广泛关注，数字产业的内涵和理论必然处于不断拓展之中。

全球经济竞争日益激烈，各国纷纷将数字经济发展作为提升国家竞争力的重要战略。对于中国而言，加快数字产业发展不仅是应对全球经济变局、抢占未来发展制高点的需要，也是推动供给侧结构性改革、促进产业转型升级的必由之路。此外，数字技术的发展正深刻改变着人们的生活方式和生产方式，加快数字产业发展对于满足人民群众日益增长的美好生活需要也具有重要意义。中国政府高度重视数字产业的发展，并将其纳入国家发展战略之中。党的二十大报告明确提出要加快建设数字中国，强调要充分发挥海量数据和丰富应用场景优势，促进数字技术和实体经济深度融合。为此，国家出台了一系列政策措施，如《数字经济发展战略纲要》《"十四五"数字经济发展规划》等，为数字产业的发展提供了强有力的政策保障。同时，国家还建立了数字经济发展部际联席会议制度，加强跨部门协调合作，共同推动数字产业的快速发展。在具体实施层面，国家通过加大投入、优化环境、培育人才等多种方式支持数字产业的发展。一方面，国家加大对数字基础设施建设的投入力度，加快5G、数据中心、工业互联网等新型基础设施建设；另一方面，国家通过税收优惠、资金扶持等方式鼓励企业加大研发投入，推动技术创新和产业升级。此外，国家还积极推动数字产业与实体经济深度融合，支持传统产业通过数字化转型实现高质量发展。

二、中国数字产业发展的原因

（一）中国政府政策鼓励支持

2011 年，国务院印发《国民经济和社会发展第十二个五年规划纲要》，将数字产业列为转型升级、提升产业核心竞争力的章节。"十三五"规划时期，我国深入实施数字经济发展战略，推动产业数字化和数字产业化取得重大成效。2022 年，国务院印发《"十四五"数字经济发展规划》，准确把握新阶段的发展要求，提出数字经济发展的总体目标，推动传统产业更快、更有效地实现数字化转型，提高核心竞争力，打造具有强竞争力的数字产业集群。这三个五年规划都将数字经济产业发展列为重点篇章。

2019 年，国家发展改革委、中央网信办联合发布《国家数字经济创新发展试验区实施方案》。2020 年，国家发展改革委、中央网信办印发《关于推进"上云用数赋智"行动　培育新经济发展实施方案》的通知。这两个政策都深入推动了地方的数字经济战略，加快数字产业化和产业数字化，培育新经济发展。在民生领域，2022 年，中央网信办出台《数字乡村发展行动计划（2022-2025 年）》，2023 年，住房和城乡建设部出台《关于加快住房公积金数字化发展的指导意见》。2022 年，工业和信息化部发布《中小企业数字化转型指南》，加速推进中小企业数字化转型，增强核心竞争力。在金融层面，2022 年，银保监会出台的《关于银行业保险业数字化转型的指导意见》，2023 年，财政部出台《关于加快推进银行函证规范化、集约化、数字化建设的通知》。2020 年，国资委印发《关于加快推进国有企业数字化转型工作的通知》，对国有企业数字化转型进行战略部署。这些与数字产业相关的政策都不断推动数字经济在各个领域发展，不断提升产业数字化和数字产业化。

（二）中国庞大的人口基数和市场规模

中国人口基数庞大，2023 年国家统计局公布，2022 年末全国人口超14 亿，约占世界人口的 19%，劳动力资源丰富。随着科学技术发展和互联网的应用，中国的互联网用户越来越多，使这些互联网用户成为潜在的消费者。互联网用户群的庞大可以形成快速可靠的大数据，数字企业可以基于这些数据不断发展。根据中国互联网络信息中心（CNNIC）发布的《中国互联网发展统计报告》，截至 2022 年 12 月，中国的互联网用户数达 10.67 亿，互联网普及率达 75.6%。这样庞大的网民规模，为数字产业的发展提供了巨大的市场机会。紧跟世界科技发展的脚步，人们的生活方式发生了重大改变，市场规模的庞大为数字产业提供了较大的发展空间。数字产业的研究重点放在信息通信行业，它可以利用互联网信息技术、产品和服务给数字经济发展创造有力支持。

（三）中国互联网行业不断发展

庞大的市场规模和潜在的消费者使中国市场成为数字产业发展的福地，数字技术的外部性会形成极大的溢出效应，其表现为数字产业对其他产业带来的正外部性，这也体现在数字产业能增加其他行业的效益这一内涵中。阿里巴巴、腾讯、百度等互联网企业都建立了丰富的数字化生态圈，而一些传统企业也在积极向互联网转型，不断开展新的业务平台。数字技术的普及和渗透正在改变人们的生活方式，将数字经济和实体经济结合起来。人们可以通过淘宝、微信、支付宝等网络平台去实现线上购物、便捷支付、便捷出行、扩大社交。通过在线教育，人们可以享受到优质的教育资源，跨越时空的局限，提高教育水平和教育弹性。此外，线上就医、异地就医等为医护人员提供了方便，为就医人员得到更好的医疗技术提供了平台。数字产业正在为人们带来前所未有的便利，改变着人们的生活方式。

第二节 中国数字产业的发展现状

根据《中国数字经济发展报告（2023）》，2022 年，我国数字经济持续发展壮大，数字产业总体保持稳定增长，数字产业增加值规模达 9.2 万亿元，比 2021 年增长 10.3%，数字产业增速已连续两年保持在

10%以上，数字产业结构趋于稳定。2021年，国家统计局发布《数字经济及其核心产业统计分类（2021）》，明确划分了数字产业的范围，并对数字产业进行分类，这一分类获得学术界和科研机构的广泛认可。数字产业可大致划分为四大类，软件与信息技术服务业、互联网与服务业、电信业和电子信息制造业。

一、软件与信息技术服务业

（一）总体运行情况

软件与信息技术服务业是指利用计算机，通信网络等技术对信息进行生产、收集、处理、加工、存储、运输、检索和利用，并提供信息服务的业务活动。其业务形态主要但不限于：信息技术系统集成、信息技术咨询、软硬件开发、信息技术外包（ITO）和业务流程外包（BPO）。如图2-1所示，2014~2023年，中国软件与信息服务业的营业收入稳步上涨，收入增速有所下滑但保持较高水平。在2023年我国软件和信息技术服务业发展态势良好，营业收入达123258亿元，与2023年相比增长13.4%，营业收入保持较快增长。

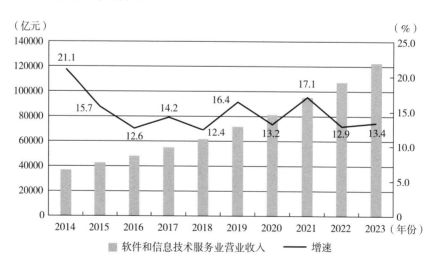

图2-1　2014~2023年软件和信息服务业营业收入和增速

资料来源：工业和信息化部。

（二）分领域情况

软件与信息技术服务业可分为软件产品、信息技术服务、嵌入式系统软件、信息安全产品和服务四个领域。如图 2-2 所示，在四个领域中，软件产品收入平稳增长，2023 年达 29030 亿元，与 2022 年相比增长 11.1%，占软件和信息服务业收入比重为 23.6%。信息技术服务收入较快增长，2023 年达 81226 亿元，与 2022 年相比增长 14.7%。其中，信息技术服务又可细分为云服务和大数据服务、集成电路设计、电子商务平台技术服务。云服务和大数据的结合可以更好实现数据变现，有巨大的发展空间，2023 年云服务和大数据服务共实现营业收入 12470 亿元，与 2022 年相比增长 15.4%，占信息技术服务收入的 15.4%；集成电路设计收入也在不断增长，2023 年达 3069 亿元，与 2022 年相比增长 6.4%；电子商务平台技术服务也在不断发展，2023 年营业收入实现 11789 亿元，与 2022 年相比增长了 9.6%。信息安全产品和服务收入处于稳步增长状态，2023 年达 2232 亿元，与 2022 年相比增长 12.4%。嵌入式系统软件依然保持较快增长，2023 年收入达 10770 亿元，与 2022 年相比增长 10.6%，驱动产品和装备智能化、数字化改造的关键就在于嵌入式软件。

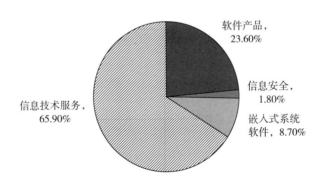

图 2-2　2023 年软件和信息技术服务业分类收入占比

资料来源：工业和信息化部。

（三）分地区情况

2023 年软件业务收入分地区来看，东部、东北地区保持较快增长，中部地区增势突出。东部、中部、西部和东北地区分别完成件业务收入100783 亿元、6965 亿元、12626 亿元和 2884 亿元，分别同比增长13.8%、17.4%、8.7%和13.9%。这四个地区的软件业务收入在全国总收入中的占比分别为81.8%、5.7%、10.2%和2.3%。从中可以明显看出软件业务主要集中在东部地区。从图 2-3 看出，2023 年，软件业务收入位列前五的北京、广东、江苏、山东、上海共完成收入 85135 亿元，占全国软件业比重的 69.1%。2023 年软件业务收入增速高于全国整体水平的省份有 13个，部分中西部省份增速达到20%，包括内蒙古、安徽、青海等。

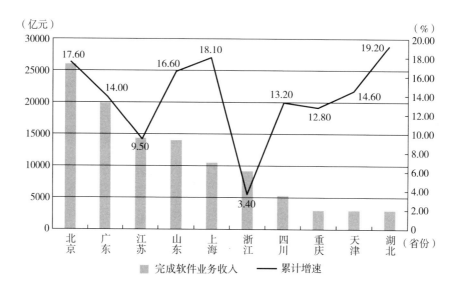

图 2-3 2023 年软件业务收入前十省份增长情况

资料来源：工业和信息化部。

二、互联网和相关服务业

（一）总体运行情况

在多项国家政策的扶持和引导下、新一代信息技术的发展中，中国互联网和相关服务业迅猛发展。如图 2-4 所示，2023 年互联网和相关服务业业务收入为 17483 亿元，与 2022 年相比增长 6.8%，利润总额为 1295 亿元，与 2022 年相比增长 0.5%。2013~2023 年互联网和相关服务业收入总体呈上升水平，利润总额保持持续增长。2023 年，互联网和相关服务业的研发投入持续增加，达 943.2 亿元。2013~2023 年互联网和相关服务业都在持续增长，使互联网和相关服务业业务收入的基数不断增大。

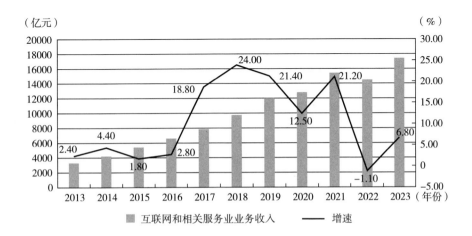

图 2-4　2013~2023 年互联网和相关服务业业务收入和增速

资料来源：工业和信息化部。

（二）分领域运行情况

互联网和相关服务业可具体分为三个领域，信息服务领域、生活服务领域、网络销售领域。信息服务领域的企业主要以信息服务为主，包括新闻资讯、搜索、社交、音乐视频、游戏等，2023 年信息服务领域企业收入稳定增长，与 2022 年相比增长 0.3%；生活服务领域企业主要以提供生活服务为主，包括本地生、租车约车、汽车、房屋、旅游、金融服务等，2023 年生活服务领域企业收入增速有大幅提升，与 2022 年相比增长 20.7%；网络销售领域的企业主要提供网络销售服务，包括农副产品、大宗商品、综合电商、快递等，2023 年网络销售领域企业收入增长较快，与 2022 年相比增长 35.1%。

（三）分地区运行情况

如图 2-5 所示，2023 年分地区互联网和相关服务业业务收入情况为：东部地区完成互联网业务收入为 15608 亿元，与 2022 年相比增长 7.3%，其增速高于全国增速 0.5 个百分点，占全国互联网业务收入的比重为 89.3%；中部地区完成互联网业务收入为 781.6 亿元，与 2022 年相比增长 8.1%，其增速高于全国增速 1.3 个百分点；西部地区完成互联网业务收入 1054 亿元，与 2022 年相比增长 0.2%，其增速低于全国增速 6.6 个百分点；东北地区完成互联网业务收入为 39.4 亿元，与 2022 年相比下降 25.1%，其增速低于全国增速 31.9 个百分点。

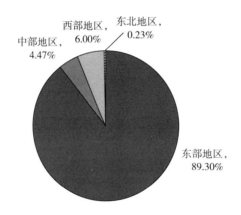

图 2-5 2023 年互联网和相关服务业业务收入各地区占比

资料来源：工业和信息化部。

2023 年经济带地区互联网和相关服务业业务收入情况为：京津冀完成互联网收入 6777 亿元，与 2022 年相比增长 6.4%，占全国互联网业务收入的比重为 38.8%，其中北京的互联网收入占绝大部分，为 5721 亿元，天津完成互联网业务收入 982 亿元，河北完成互联网业务收入 74 亿元。长三角地区完成互联网业务收入 6624 亿元，与 2022 年相比增长 12.9%，占全国互联网业务收入的比重为 37.9%。

三、电信业

（一）行业总体情况

我国的基础性、战略性、先导性产业之一是电信业，电信业是大力推动数字社会的发展的关键性产业。我国高度重视信息基础设施建设，不断推动电信业高质量发展。如图 2-6 所示，电信行业运行整体良好，在经济下行压力下，我国电信业在 2019 年之后走出低谷，电信业营业增速呈现上升趋势，由 2019 年的 0.5% 上升到 2020 年的 3.9%，之后更是上升到 2021 年的 8.1%，我国电信业收入保持稳步增长。2023 年我国电信业收入仍处于高速增长阶段，实现业务收入 1.68 万亿元，比 2022 年增长 6.2%。

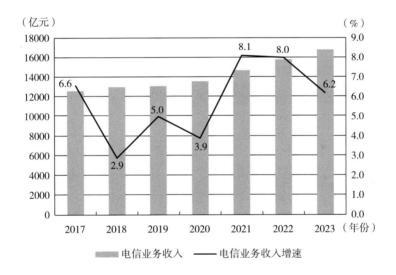

图 2-6　2017~2023 年电信业业务收入和增速

资料来源：工业和信息化部。

电信业务的相关业务包括固定互联网宽带接入业务、移动数据流量业务、新兴业务、语音业务。2018~2023 年，互联网宽带接入业务收入稳步增长。2023 年，互联网宽带接入业务收入为 2626 亿元，与 2022 年相比增长7.7%，提升了在电信业务收入占比，拉动电信业务收入增长1.2个百分点。2018~2023年，移动数据流量业务收入总体上呈缓慢上升趋势，波动幅度较小。2023年，移动数据流量业务收入小幅下滑，数值为6368亿元，与2022年相比下降0.9%。2018~2023年，大数据、物联网、数据中心、云计算等新兴业务快速发展，新兴业务收入不断增长，每年增速都在19%以上。2023年，新兴业务收入为3564亿元，与2022年相比增长19.1%，仍然保持较高增速，提升了在电信业务收入中占比，拉动电信业务收入增长3.6个百分点。新兴业务的快速发展成为电信业收入增长的主要动力。2018~2023年，互联网应用对语音业务替代影响持续加深，语音业务收入持续下滑，语音收入在电信业务收入的占比也在不断下降。2023年，三家基础电信企业完成固定语音和移动语音业务收入为185.3亿元和1108.0亿元，与2022年相比分别下降8.0%和2.5%，在电信业务收入的占比也有所下降。

（二）网络基础设施建设加快推进

网络基础设施的建设在加快推进，5G网络建设稳步推进，网络覆盖能力持续增强。如图2-7所示，截至2023年底，全国移动通信基站总数达1162万个，其中5G基站为337.7万个，5G基站的占比在不断增大，2023年5G基站占比较上年增加了7.8%。5G网络建设能够满足自动驾驶、智能医疗、智慧城市等互联网领域设备的信息传输的需求，能够推动数字产业的发展，促进经济社会高质量发展。

（三）用户规模情况

电话用户规模不断扩大，2023年全国电话用户净增3707万户，电话用户总数达19亿户。移动物联网迎来重要发展期，物联网用户规模快速扩大。由图2-8可知，到2022年底，我国移动网络的终端连接总数达到35.28亿户，其中蜂窝物联网用户达到18.45亿户，与2021年相比净增4.47亿户。自2022年8月底"物"连接数超越"人"连接数后，2022年蜂窝物联网终端用户占移动网终端连接数的比重达52.3%，万物互联基础不断夯实。

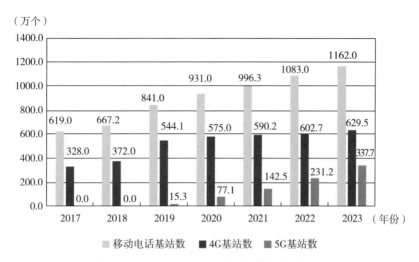

图 2-7 2017~2023 年移动电话基站发展情况

资料来源：工业和信息化部。

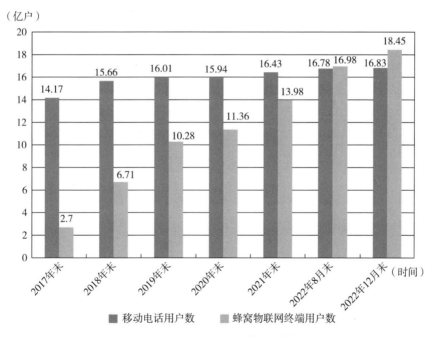

图 2-8 2017~2022 年物联网用户情况

资料来源：工业和信息化部。

四、电子信息制造业

（一）营业收入增速放缓

随着科技进步和经济全球化，中国的电子信息制造业稳中提质，正在不断提升产业链现代化、数字化水平，渗透到各类行业中，不断推动制造业的智能化发展。如图 2-9 所示，总体来看，中国的电子信息制造业营业收入增速放缓，2022 年和 2023 年营业收入有小幅下降，2023 年电子信息制造业的营业收入为 15.1 万亿元，与 2022 年相比下降 1.5%。

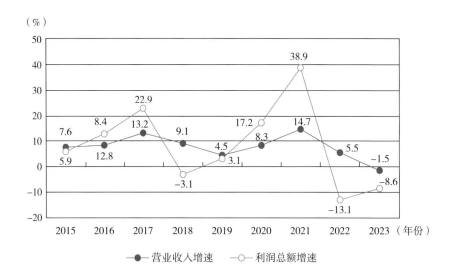

图 2-9　2015~2023 年电子信息制造业营业收入、利润总额增速

资料来源：工业和信息化部。

（二）投资保持增长

在全球集成电路生产持续紧张的背景下，近两年我国颁布了一些文件，鼓励促进集成电路的高质量发展。集成电路作为数字产业的一个核心产业，是引领新一轮科技革命和产业变革的重大力量，这就使电子信息制造业固定资产投资持续增加，已连续两年快速增长，如图 2-10 所示，

2022 年固定资产投资同比增长 18.8%，2021 年固定资产投资同比增长
22.3%，2023 年固定资产投资同比增长 9.3%，固定资产投资额保持增长
但增速有所放缓。其中，电子器件领域固定资产投资的主要方向就是目前
最先进的集成电路生产线。随着中国政府对电子信息制造业的鼓励支持，
以及新一轮的科技进步和互联网发展，我国电子信息制造业前景运行
良好。

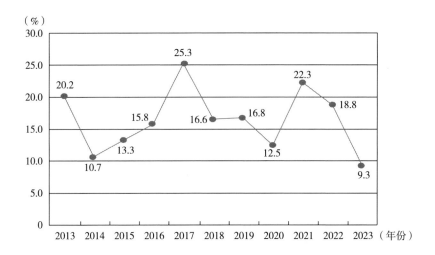

图 2-10　2013~2023 年电子信息制造业固定资产投资增速

资料来源：工业和信息化部。

第三节　中国上市公司数字产业发展现状

当前阶段，我国正面临人口红利效应逐渐减弱的经济背景，经济体系
承受着显著的下行压力，这迫切要求我们对经济结构进行深度优化，实现
增长动力的根本性转换，即从以往的高速增长模式转型为注重质量与效益

的高质量发展模式。在此过程中，数字核心技术被视为驱动经济向更高质量层次迈进的核心"引擎"。鉴于数字经济已被提升至国家战略高度，众多聚焦于数字经济核心领域的上市公司正积极把握这一历史机遇，纷纷涌入这一充满潜力的"新兴蓝海"，以期在数字经济的大潮中占据先机。截至 2022 年底，中国的上市公司数量总计 5067 家，其中数字产业领域的上市公司有 1211 家。数字产业领域的上市公司广泛分布于多元化的 20 个关键领域，包括但不限于计算机与通信技术的制造业、电信广播电视与卫星通信服务、互联网服务及其相关应用以及软件与信息技术的服务产业等。这些企业构成了数字经济蓬勃发展的坚实基石，为整个经济体系的数字化转型提供了强有力的支撑。从上市公司控股类型来看，数字产业领域的上市公司里自然人控股占比最高，达 75%，地方国有控股占比为 10%，中央国有控股占比为 8%，其余的控股类型合计占比为 7%。

2023 年，数字产业化的上市公司大多集中在电子元器件及设备制造领域，有 437 家公司，占数字产业领域上市公司的 36%；其次集中在信息技术服务领域，有 184 家公司，占数字产业领域上市公司的 15%；在软件开发领域，有 140 家公司，占数字产业领域上市公司的 12%；其他分类在数字产业领域上市公司的占比都小于 10%。本文拟对数字产业领域上市公司数量较多的电子元器件及设备制造、信息技术服务、软件开发、通信及雷达设备制造、互联网相关服务五个重点领域进行分析。

一、数字经济核心重点产业市值分析

在数字经济核心产业的上市公司的这五个重点领域里，可以观察到电子元器件及设备制造行业占据了市值的主要份额，并且这一领域市值的增长势头极为迅猛，两年间的平均增长率高达 57.84%。相比之下，尽管软件开发行业在 2021 年底的市值排名紧随其后，位居第二，但其市值规模仍显著不及电子元器件及设备制造行业的 1/5。值得注意的是，软件开发的市值在 2019 ~ 2020 年经历了显著的扩张，然而，在随后的 2020 ~ 2021 年，其市值增长趋势趋于平缓，甚至出现了轻微回调。从图 2-11 可以看出，在数字经济核心重点产业的范畴内，电子元器件及设备制造类以其庞大的总市值位居榜首，同时展现出近三年来最为强劲的增长态势。与此形成鲜明对比的是，互联网相关服务行业的总市值在近三年间呈现出逐步缩减的趋势。软件开发领域则在2020~2021年遭遇了市值下滑的情况。而通信及雷达设备制造与信息技术服务类产业，则共同展现出了积极的市场表现，其市值在过去三年中实现了稳步增长。

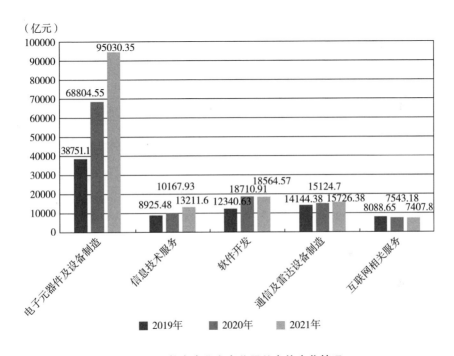

图 2-11 数字产业上市公司总市值变化情况

资料来源：万得、同花顺、价值在线。

为了更直观地了解这些产业中表现突出的企业，表2-1列出了市值排名前20的上市公司名单，这些公司横跨了上述五大类数字经济核心重点产业。在电子元器件及设备制造领域，市值排名TOP20的企业中有19家市值超千亿元，信息技术服务领域有9家公司市值超千亿元，软件开发领域有12家公司市值超千亿元，通信及雷达设备制造有9家公司市值超千亿元，互联网相关服务领域没有企业市值超千亿元，其最高市值只有908.89亿元，低于电子元器件及设备制造市值排名第20的公司。

表 2-1　2021 年数字产业上市公司重点领域市值 TOP20

单位：亿元

序号	电子元器件及设备制造		信息技术服务		软件开发		通信及雷达设备制造		互联网相关服务	
	公司简称	市值	公司简称	市值	公司简称	市值	公司简称	市值	公司简称	市值
1	海康威视	4884.49	兆易创新	1173.69	金山办公	1221.65	工业富联	2367.92	三六零	908.89
2	隆基股份	4665.97	同花顺	77726.00	科大讯飞	1220.74	闻泰科技	1611.35	三七互娱	599.27
3	立讯精密	3479.09	世纪华通	62527.00	用友网络	1173.57	中兴通讯	1463.60	完美世界	394.01
4	韦尔股份	2721.49	思瑞浦	61621.00	恒生电子	90836.00	传音控股	1257.85	吉比特	303.16
5	阳光电源	2165.44	卫士通	473.42	宝信软件	80849.00	亿联网络	734.93	巨人网络	242.32
6	中芯国际	1937.30	芯原股份-U	383.06	深信服	794.01	紫光股份	653.53	天融信	227.32
7	京东方 A	1920.95	四维图新	378.03	广联达	760.70	环旭电子	354.95	汤姆猫	195.13
8	歌尔股份	1848.23	国网信通	261.19	奇安信-U	599.69	中际旭创	340.04	利欧股份	166.17
9	北方华创	1824.12	东华软件	250.03	中科创达	58836.00	七一二	33428.00	网宿科技	163.71
10	三安光电	1682.44	易华录	23537.00	石基信息	43097.00	移远通信	296.41	人民网	159.44
11	天合光能	1631.67	拉卡拉	232.17	朗新科技	38716.00	航天发展	26782.00	国新健康	153.32
12	晶澳科技	1482.39	晶丰明源	19856.00	柏楚电子	386.75	海格通信	25165.00	游族网络	139.58
13	紫光国微	1365.38	富瀚微	196.03	卫宁健康	359.74	信维通信	244.99	梦网科技	137.98
14	中环股份	1349.25	富满微	175.62	启明星辰	26635.00	雷电微力	236.01	掌趣科技	134.01
15	大全能源	1192.73	中科星图	173.76	中国软件	246.94	国睿科技	22825.00	二三四五	133.96
16	正泰电器	1158.62	华软科技	17128.00	千方科技	23634.00	广和通	225.73	恺英网络	125.28
17	蓝思科技	1142.91	杰赛科技	162.19	中望软件	216.70	烽火通信	21357.00	新华网	123.32
18	中航光电	1106.10	概伦电子	159.16	安恒信息	196.84	新易盛	198.68	数据港	121.44
19	卓胜微	1090.08	乐鑫科技	15233.00	新大陆	18701.00	华测导航	174.14	壹网壹创	116.95
20	鹏鼎控股	985.00	佳都科技	14646.00	泛微网络	18182.00	威胜信息	172.15	宝通科技	113.43

资料来源：各上市公司年报。

二、数字经济核心重点产业经营能力分析

营业收入直接反映了公司在一定时期内通过主营业务活动所实现的收入总额，是衡量公司经营规模和盈利能力的基础。由图 2-12 可知，整体来看电子元器件及设备制造类营业收入最高，2019~2021 年稳步增长且增长迅速，其次是通信及雷达设备制造也保持稳步增长，软件开发与信息技术服务类整体营业收入较低，互联网相关服务 2020 年营业收入显著下降。

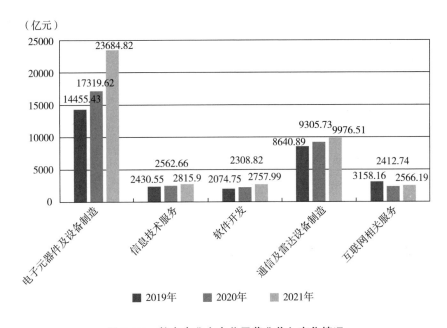

图 2-12　数字产业上市公司营业收入变化情况

资料来源：万得、同花顺、价值在线。

在 2021 年数字经济核心重点产业领域内，营业收入排名 TOP20 的上市公司如表 2-2 所示，尽管电子元器件及设备制造领域在整体营收上继续占据主导地位，但在通信及雷达设备细分市场中，领头羊"工业富联"以惊人的 4395.57 亿元营业收入独领风骚，其数额之巨，几乎是紧随其后的"中兴通讯"的 3 倍，彰显了该公司在行业内的强劲竞争力。同样引

人注目的还有互联网相关服务板块，其中"上海钢联"以显著的营收优势拔得头筹，其业绩规模远超第二名"利欧股份"，差距甚至超过 3 倍，凸显了互联网服务领域内部分企业的快速崛起与集中化趋势。然而，在信息与技术服务以及软件开发两大类别中，尽管这些领域对数字经济的发展至关重要，但从营收角度来看，整体表现相对较为温和。这两类产业中的"领头羊"，其年度营业收入也未能突破 200 亿元大关，表明这些领域或许正处于快速发展前的蓄力阶段，或是市场竞争更为激烈，导致资源分布相对分散。

表 2-2　2021 年数字产业上市公司重点领域营业收入 TOP20

单位：亿元

序号	电子元器件及设备制造		信息技术服务		软件开发		通信及雷达设备制造		互联网相关服务	
	公司简称	营业收入	公司简称	营业收入	公司简称	营业收入	公司简称	营业收入	公司简称	营业收入
1	京东方 A	2193.10	联络互动	165.49	科大讯飞	183.14	工业富联	4395.57	上海钢联	657.75
2	TCL 科技	1636.91	世纪华通	139.29	宝信软件	117.59	中兴通讯	1145.22	利欧股份	202.81
3	立讯精密	1539.46	神州信息	113.56	太极股份	105.05	紫光股份	676.38	三七互娱	162.16
4	海康威视	814.20	东华软件	108.84	中国软件	103.52	环旭电子	553.00	浙文互联	142.94
5	隆基股份	809.32	常山北明	108.82	千方科技	102.81	闻泰科技	527.29	华扬联众	132.14
6	歌尔股份	782.21	电科数字	89.62	用友网络	89.32	传音控股	494.12	三六零	108.86
7	冠捷科技	706.10	兆易创新	85.10	东软集团	87.35	烽火通信	263.15	完美世界	85.18
8	蓝思科技	452.68	国网信通	74.66	新大陆	76.98	星网锐捷	135.49	佳云科技	65.29
9	天合光能	444.80	拉卡拉	66.18	深信服	68.05	移远通信	112.62	智度股份	58.44
10	晶澳科技	413.02	润建股份	66.02	金证股份	66.46	共进股份	108.08	吉宏股份	51.78
11	中环股份	411.05	杰赛科技	65.53	中科软	62.81	长飞光纤	95.36	吉比特	46.19
12	正泰电器	388.65	佳都科技	62.24	奇安信-U	58.09	中际旭创	76.95	网宿科技	45.75
13	中芯国际	356.31	南天信息	55.93	华宇软件	57.52	信维通信	75.81	天地在线	40.61
14	鹏鼎控股	333.15	云赛智联	49.93	广联达	56.19	光迅科技	64.86	鹏博士	39.52
15	大华股份	328.35	神州泰岳	43.14	天源迪科	56.14	海能达	57.19	姚记科技	38.07
16	深天马 A	318.29	吴通控股	42.32	博彦科技	55.32	海格通信	54.74	平治信息	36.01
17	长电科技	305.02	华软科技	39.42	恒生电子	54.97	胜利精密	50.05	天融信	33.52

续表

序号	电子元器件及设备制造		信息技术服务		软件开发		通信及雷达设备制造		互联网相关服务	
	公司简称	营业收入	公司简称	营业收入	公司简称	营业收入	公司简称	营业收入	公司简称	营业收入
18	领益智造	303.84	先进数通	39.14	朗新科技	46.39	日海智能	46.83	游族网络	32.04
19	阳光电源	241.37	华胜天成	37.99	启明星辰	43.86	特发信息	45.91	梦网科技	31.75
20	韦尔股份	241.04	荣联科技	35.83	浙大网新	42.46	南京熊猫	45.32	浙数文化	30.64

资料来源：各上市公司年报。

三、数字经济核心重点产业盈利能力分析

盈利能力是企业实现财务增长与积累财富的核心指标，它衡量了企业将其资源转化为经济收益的能力，具体表现为利润的产生以及资本价值的提升。在评估盈利能力时，高利润率通常被视为积极信号，意味着企业拥有更强的盈利潜力。为了深入剖析数字产业领域内几个关键行业的盈利表现，我们选择净利润这一指标对电子元器件与设备制造、信息技术服务业、软件研发、通信及雷达设备制造，以及互联网相关服务的上市公司盈利能力进行分析。

如图 2-13 所示，电子元器件及设备制造行业在净利润总量及其增长速度上均位居各行业之首，显示出强劲的盈利表现。其次，互联网相关服务领域在 2019 年遭遇了净利润的亏损状态，这可能与该行业在该年度的特定市场环境或业务调整有关。进一步来看，软件开发与通信及雷达设备制造两个行业，在过去三年间均呈现出净利润稳步增长的态势，尽管增速相对温和，但体现了持续向好的发展态势。而信息技术服务行业则经历了净利润的波动变化：2019~2020 年，其净利润实现了显著增长；然而，这一增长势头在随后的 2020~2021 年有所放缓，净利润出现了回调，这可能反映了市场需求的波动或行业竞争格局的变化对该行业盈利能力的影响。

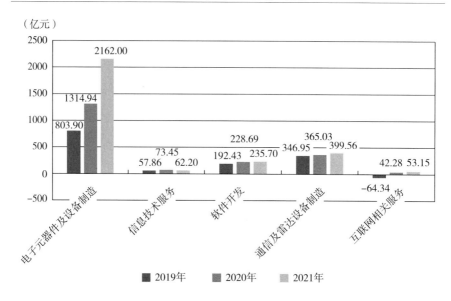

图 2-13　数字产业上市公司净利润变化情况

资料来源：万得、同花顺、价值在线。

由表 2-3 可以看出，对信息技术服务、软件开发和互联网相关服务净利润来说，电子元器件及设备制造与通信及雷达设备制造两大板块展现出显著的优越性。特别地，这两个领域内分别有 4 家和至少 1 家上市公司的净利润突破了百亿元大关，彰显了强大的盈利能力。值得注意的是，即便是在电子元器件及设备制造领域内排名 TOP20 的上市公司，其净利润水平也超越了软件开发领域内净利润之冠的企业，进一步凸显了该行业的盈利强势。对通信及雷达设备制造领域，其头部企业"工业富联"更是以超过百亿元的净利润独领风骚，与信息技术服务、软件开发及互联网相关服务中净利润尚未触及 30 亿元天花板形成了鲜明对比。从营业收入与净利润的综合视角审视，通信及雷达设备制造行业的领军企业不仅在盈利上遥遥领先，还占据了庞大的市场份额，其市场优势远超同行其他企业。相比之下，尽管各类别的领军企业也拥有不小的市场影响力，但这种优势在通信及雷达设备制造领域面前显得并不那么突出。

表 2-3 2021 年数字产业上市公司重点领域净利润 TOP20

单位：亿元

序号	电子元器件及设备制造		信息技术服务		软件开发		通信及雷达设备制造		互联网相关服务	
	公司简称	净利润	公司简称	净利润	公司简称	净利润	公司简称	净利润	公司简称	净利润
1	京东方 A	304.32	世纪华通	25.34	宝信软件	19.09	工业富联	200.25	三七互娱	28.50
2	海康威视	175.11	兆易创新	23.37	科大讯飞	16.11	中兴通讯	70.36	吉比特	17.53
3	TCL 科技	149.59	同花顺	19.11	恒生电子	14.90	传音控股	39.12	巨人网络	9.90
4	中芯国际	112.03	拉卡拉	10.82	金山办公	10.69	紫光股份	37.92	恺英网络	8.44
5	隆基股份	90.74	晶丰明源	7.11	东软集团	10.32	闻泰科技	25.13	三六零	8.40
6	立讯精密	78.21	国网信通	6.77	启明星辰	8.63	环旭电子	18.57	汤姆猫	7.08
7	大全能源	57.23	明微电子	6.47	朗新科技	8.42	亿联网络	16.16	浙数文化	6.31
8	韦尔股份	45.46	富满微	4.53	千方科技	8.10	中际旭创	8.86	*ST 众应	5.80
9	中环股份	44.35	思瑞浦	4.44	新大陆	7.51	星网锐捷	8.02	姚记科技	5.67
10	歌尔股份	43.07	思维列控	3.94	广联达	7.19	长飞光纤	7.21	二三四五	3.97
11	正泰电器	37.66	神州信息	3.88	用友网络	6.82	海格通信	6.93	宝通科技	3.83
12	大华股份	34.12	富瀚微	3.82	中科创达	6.30	*ST 实达	6.90	壹网壹创	3.60
13	鹏鼎控股	33.16	东华软件	3.78	中科软	5.77	七一二	6.88	电魂网络	3.57
14	长电科技	29.60	神州泰岳	3.65	柏楚电子	5.49	新易盛	6.62	上海钢联	3.53
15	生益科技	29.25	润建股份	3.46	新点软件	5.04	航天发展	6.54	浙文互联	3.05
16	彩虹股份	26.75	电科数字	3.45	博彦科技	4.17	光迅科技	5.66	焦点科技	2.48
17	华润微	22.58	佳都科技	3.07	创业慧康	4.14	国睿科技	5.29	平治信息	2.36
18	航天信息	2244.00	云赛智联	2.92	宇信科技	3.95	信维通信	5.20	天融信	2.26
19	卓胜微	21.35	金卡智能	2.65	太极股份	3.94	广和通	4.01	华扬联众	2.19
20	中航光电	21.26	中科星图	2.42	卫宁健康	3.54	共进股份	3.95	新华网	2.11

资料来源：各上市公司年报。

四、数字经济核心重点产业创新能力分析

创新能力，作为一种核心驱动力，体现在技术与各类实践活动的广阔领域内，持续孕育出蕴含经济、社会及生态多重价值的创新思维、理论体系、方法策略与原创发明。为了评估数字经济核心产业内上市公司的创新

潜力与活力，我们可以聚焦于电子元器件及设备制造、信息技术服务、软件开发、通信及雷达设备制造以及互联网相关服务五个重点领域，深入剖析这些企业的年度财务报告中的研发投资及其占总营收的比重，同时结合它们所持有的专利数量这两项关键指标。具体而言，研发支出的规模及其占企业整体运营成本的比重，直接反映了公司在技术创新方面的投入力度与重视程度，是衡量其创新意愿与实力的直观标尺。而专利的数量是企业技术创新成果的具体体现，它不仅代表了企业的技术积累与创新能力，还预示着企业在未来市场竞争中的潜在优势与增长点。因此，结合上述两个维度的分析，我们能够较为全面且深入地洞察数字经济核心产业中上市公司的内在创新活力，为投资者、政策制定者及行业观察者提供有价值的参考信息。

从研发支出来看，2019~2021 年研发支出的整体趋势均为上升。电子元器件及设备制造类研发支出总额最高，并且增速也最快；年均增速第二的为软件开发，第三的为信息技术服务，略高于通信及雷达设备制造。对数字经济核心重点产业 2021 年研发支出前 20 的上市公司进行分析发现，软件开发和互联网相关服务领域的公司最高研发支出仅有 30 亿元左右，信息技术服务领域的公司最高研发支出仅有 20 亿元左右；而通信及雷达设备制造研发支出最高则达到了 188 亿元，电子元器件及设备制造领域的公司中研发支出最高的公司达到了 124 亿元。整体来看，偏制造类的上市公司研发支出更高。

从研发支出占营收的比例来看，尽管电子元器件及设备制造领域的研发支出总额在这五个领域中居于领先地位，但其研发投入占其营业收入的比例却并非最高，相反，这一比例在软件开发领域中表现最为突出。进一步观察发现，电子元器件及设备制造行业的研发占比在过去三年内呈现出下降趋势，而与此同时，软件开发、通信及雷达设备制造以及信息技术服务等行业在研发投入占营收的比例则均实现了稳步增长。这一动态变化揭示了不同行业在创新策略与资源配置上的差异。电子元器件及设备制造行业可能面临市场饱和、技术成熟度提升等挑战，导致研发投入相对于营收的占比有所降低。而软件开发、通信及雷达设备制造以及信息技术服务领域，则可能因技术进步迅速、市场需求旺盛等因素，加大了对研发的投入力度，以维持并增强其市场竞争力。对数字经济核心重点产业 2021 年研发支出占营业收入比例 TOP20 的上市公司进行分析发现，信息技术服务与软件开发这两个领域的公司的研发支出占比明显领先于另外三个领域，其中仅有信息技术服务领域中有 3 家上市公司的研发支出占营业收入的比例超过了 50%。

从专利数量来看，2021 年电子元器件及设备制造领域的专利（发明授权）数量最多，为 20639 个；通信及雷达设备制造领域的专利（发明授权）数量为 4731 个；软件开发领域的专利（发明授权）数量为 3586 个；信息技术服务领域的专利（发明授权）数量为 3102 个；互联网相关服务业领域的专利（发明授权）数量为 722 个。由表 2-4 可以看出，数字产业领域专利（发明授权）数量排名 TOP20 的上市公司中，电子元器件及设备制造领域的整体表现显著超越其他四大类别，展现出绝对的领先地位，其中，"京东方 A"更是以卓越之姿，遥遥领先于该领域内所有其他上市公司，成为行业内的佼佼者。在互联网相关服务领域，专利数量的分布则呈现出较为明显的分化现象。该领域内，排名首位的上市公司凭借其 350 项专利的雄厚实力独占鳌头，而紧随其后的公司中，仅有寥寥 6 家能够跻身专利数 10 个及以上的行列，显示出一定的竞争力。然而，对于剩余的公司而言，它们的专利数量均未达到两位数。

表 2-4 2021 年数字产业上市公司重点领域专利数量 TOP20

单位：个

序号	电子元器件及设备制造		信息技术服务		软件开发		通信及雷达设备制造		互联网相关服务	
	公司简称	专利数量	公司简称	专利数量	公司简称	专利数量	公司简称	专利数量	公司简称	专利数量
1	京东方 A	6614	飞天诚信	715	东软集团	649	烽火通信	1252	网宿科技	350
2	歌尔股份	1312	杰赛科技	431	迪普科技	483	中兴通讯	1207	三六零	94

序号	电子元器件及设备制造		信息技术服务		软件开发		通信及雷达设备制造		互联网相关服务	
	公司简称	专利数量	公司简称	专利数量	公司简称	专利数量	公司简称	专利数量	公司简称	专利数量
3	中航光电	882	神州泰岳	233	科大讯飞	326	光迅科技	349	朗玛信息	81
4	海康威视	808	四维图新	160	启明星辰	149	佳讯飞鸿	165	宝通科技	53
5	大华股份	683	芯海科技	127	宝信软件	146	四创电子	146	掌阅科技	46
6	威创股份	609	明微电子	103	奇安信-U	122	海格通信	119	顺网科技	20
7	阳光电源	570	万集科技	90	银江技术	117	东土科技	110	优刻得-W	10
8	TCL科技	424	达实智能	79	北信源	89	传音控股	108	人民网	9
9	瑞芯微	409	高新兴	62	新大陆	84	大富科技	96	电魂网络	8
10	生益科技	381	南威软件	53	安恒信息	76	星网锐捷	74	焦点科技	8
11	国民技术	378	旋极信息	51	深信服	75	东方通信	67	梦网科技	8
12	横店东磁	280	任子行	50	当虹科技	75	环旭电子	63	每日互动	7
13	视源股份	271	信安世纪	49	东方通	68	通宇通讯	62	*ST数知	6
14	航天信息	260	中科星图	48	绿盟科技	59	远望谷	61	星辉娱乐	5
15	通富微电	212	兆易创新	45	川大智胜	58	信维通信	55	新华网	3
16	上海贝岭	202	中科信息	43	远光软件	54	海能达	48	鹏博士	3
17	全志科技	198	佳都科技	40	用友网络	51	长飞光纤	42	中青宝	2
18	汇顶科技	191	同有科技	36	格尔软件	50	振芯科技	41	广博股份	2
19	天合光能	186	思维列控	30	ST信通	46	南京熊猫	39	冰川网络	1
20	生益电子	172	世纪鼎利	29	恒生电子	43	辉煌科技	34	吉比特	1

第四节　中国数字产业发展的机遇

一、技术创新驱动数字产业发展

数字产业是全球技术创新最活跃的领域，数字产业作为技术密集性产业，强大的创新能力是核心竞争力的根本保证。初期信息网络体系是以数据传输为核心，随着社会发展，数据量爆发性增长和计算模型的复杂性，各个领域对信息网络更依赖，对算力的需求和要求也更高，对芯片、晶体管等精密配件要求不断提高。信息网络逐步发展为感知、传输、计算、交换多道工序融为一体的信息基础设施。目前，数据化的信息和知识作为关键生产要素参与到社会生产变革中。我们需要不断创新才能在全球数字化潮流中不落下风，但是国外高新技术的垄断，使得我们关键核心技术的研发迫在眉睫。由工业化和信息部、广东省人民政府举办的"2022 中国数字经济创新发展大会"在广东省汕头市成功召开，大会打造了数字经济创新发展的重要窗口。《中国数字经济发展研究报告（2023）》指出，我们要加快形成激励自我创新的政策体系，大力发展数字创新企业，加强关键核心技术攻关，加快布局前沿技术，推进科研院所、高校、企业科研力量和资源共享，加快创新技术发展。近年来，越来越多的国家出台持续强化数字创新高地建设的总体规划和政策支持，数字技术创新高地建设已成为主要国家和地区的战略共识。

二、制造业数字化转型需求广泛

中国是产业门类齐全的制造业大国，数字技术的不断发展渗透到各行各业，数字技术从消费端向生产端渗透延伸，线上和线下活动共同发展，催生平台经济、共享经济等新业态。传统产业不断向智能化、数字化转型，数字技术推进传统产业完成提质、降本、增效、绿色的发展，引导数字制造业企业数字化升级、数字化改造、数字化应用。工信部发布《中小企业数字化水平评测指标（2022）》和《中小企业数字化转型指南》，帮助中小企业明确转型路径和方法。数字产业深入传统农业、工业、服务业，重塑人们的经济生活形态，发展数字农业经济推动乡村振兴，"5G+工业互联网"技术的应用和创新实现工业智能制造，服务业数字化为人们生活提供了更多便利。电子商务的快速发展使传统企业摆脱地区、信息的限制，带动消费复苏和地区经济增长。

三、数字产业的区域差异化发展空间大

区域经济不平衡是中国现存已久的问题，是发展的普遍规律。我国地域辽阔，人口分布和城市分布并不均衡，每个地区的本土环境和发展机遇都不同。即使我国已经步入小康社会，但是区域经济差距仍然较大，缩小区域经济差距是一场"持久战"。欠发达地区可以通过数字技术形成知识溢出、机会增加、降低信息成本、创造就业需求等，获得资金、技术、人才方面的支持，发展数字产业，改善经济结构，优化收入分配格局，缩小城乡收入差距。对于较发达的地区，数字技术能够被快速吸收，教育水平高的人和中高阶级的人会获得更大的红利，创新发展水平得到大幅提升，中心城市在数字产业的发展中会获取更大的收益。毫无疑问，数字产业能够促进区域经济增长，但是需要国家制定更合理的政策去平衡数字产业发展速度相差较大可能引起的地区间发展差异。

基于地区之间的特异性和市场的需求，每个地区的数字产业的发展会有不同的趋向，利用数字技术和结合场景优势，促进数字技术和实体经济结合，赋能传统产业转型升级，催生出新产业、新业态、新模式。各地方资源禀赋优势不同，我们应依据地方优势，发展数字特色产业。在经济较为发达，具有集群优势的地区，可以依托都市经济圈、数字产业集群发展数字经济。如广东省利用粤港澳大湾区的地理优势，积极推广珠海"明珠惠企"。在偏远又地域广阔的地区，可以强化基础设施的建设，支持农牧业数字化转型。如内蒙古自治区加速推进支持5G网络建设和算力网络国家枢纽节点，积极建设数字乡村的发展。在近海地区，可以强化海洋设施建设，就地建设，节约信息成本。如福建省强调加速打造信息通信网和海洋综合感知网，建造福建"智慧海洋"大数据中心，并在平潭县建成城市信息模型（CIM）基础平台。

第五节　中国数字产业发展的挑战

一、关键领域产业链和供应链存在断链的风险

当今国际局势复杂多变，世界经济遭遇逆全球化和贸易保护主义的冲击，全球产业链供应链也遭受了重大打击，这给我国的产业链安全带来了很大挑战。发达国家的高科技产业技术发展速度和质量远大于发展中国家。而发展中国家的数字化战略所提到的新兴产业如集成芯片、量子计算机、人工智能等技术，是价值链技术顶端国家主要针对的目标。受限于发达国家"卡脖子"的数字技术封锁，发展中国家和发达国家的差距会拉大，严重的会影响国家安全。处于价值链底部的国家，尤其是以制造业为主的国家，在数字经济不断发展的背景下，原产业的可持续发展会遭到重大冲击。近几年美国对中国的高新技术产业实施技术封锁、核心技术供给管制、进口限制。特别是在关键核心技术方面，在芯片制造、光刻机、触觉传感器生产等电子通信行业里，中国受制于人，供应链存在断链的隐患，阻碍了中国提升产业链的核心竞争力，损害了产业链安全。在全球数字化背景下，数字经济与产业融合将推动产业结构的调整和全球产业链重构，给我国产业链发展带来严峻挑战。

数字化基础设施建设为产业链的安全提供基础的技术支撑。通过数字化建设，企业能够以低成本高效率获得信息进行决策，为优化生产流程、升级生产技术提供空间，节约生产成本。数字经济融入运营和服务体系中，可以直接将消费者和制造商联系起来，提高经济效益，有助于推动产业链边际成本下降，提升产业链韧性，维护产业链稳定。数字技术促使以物联网、大数据、人工智能等为核心的新兴行业蓬勃发展，平台成为产业组织的重要部分，为供应链的数字化协作奠定了地基。上下游企业、供应

链的不同环节、消费者和制造商通过构建线上线下的平台和实体虚拟的互动平台联系在一起，发挥各个环节的作用，降低信息误差，提升供应链的稳定性。2022年8月，工业和信息化部、市场监管总局、国家能源局联合发布《关于促进光伏产业链供应链协同发展的通知》，积极推动光伏产业高质量发展，重视关键领域的产业链供应链协同发展。

二、数字治理相关法规不完善

在这个全球数字化时代，新一轮科技革命和产业变革发展迅速，数字技术创新赋能各行各业，围绕新设施、新要素、新业态、新产业等产生了一系列新问题，这使得数字治理需求密集。新兴问题不断涌现，但数字治理的规则还不能够迅速制定，具有一定的滞后性，治理对象和治理边界的不确定性使得制定治理规则的难度更大。在政治安全层面，数字恐怖主义运用数字技术在网络上实行危害人民安全的行为，加密货币筹款、无人机袭击、社交网络欺诈等对国家、社会和个人安全构成了威胁。在经济秩序层面，一些大型科技公司实行技术垄断扰乱市场秩序，金融科技公司收集、买卖用户的数据和个人信息，消费者权益受到侵害。在社会文化层面，人工智能方面的法律仍在完善阶段，由人工智能在决策、翻译中引起的偏见、歧视等道德问题，消费者的维权工作难以实现。中国在2022年发布了《中方关于网络主权的立场》、《携手构建网络空间命运共同体》白皮书、《中国关于加强人工智能伦理治理的立场文件》等文件来促进数字安全与发展。2023年以来，国家进一步完善数字治理相关制度规则。《互联网信息服务深度合成管理规定》对信息安全义务的责任人做了明确划定；《个人信息出境标准合同办法》基本完善了我国数据跨境流动管理制度；《禁止滥用市场支配地位行为规定》《禁止垄断协议规定》《经营者集中审查规定》等反垄断法律法规发布，进一步完善新时代下反垄断法律制度规则，回应了数字时代的监管需要，对数字产业垄断行为的规制更加精准。

三、数字产业具有不确定性

技术、市场和组织的不确定性是数字产业不确定性的主要表现。技术的不确定性表现在技术创新往往伴随着风险和不确定性。比如5G建设想要做到万物互联，仍然面临着巨大的挑战和高昂的资本投资，5G非独立组网的终端芯片几乎成熟，但是5G的独立组网模式的终极芯片还不够成熟，这会影响到中国的5G网络布局。多数地区创新要素配置仍处于不平衡不充分的状态，有超过一半的省份投向创新的资金不足，研发经费投入强度不到2%。市场的不确定性表现在当一种比较新颖的技术或产品被研发出来时，通常不会立即被消费者们所认可和接受。新鲜事物的接纳需要时间的考验，需要过一段时间后才能发现目标消费者和更广泛的使用场景。组织的不确定性表现在实现技术革新的企业或个人是不确定的。当产业发生变革时，有的企业往往不能识别变革信号做出快速反应，从而错失机会。

第三章　东盟数字产业发展现状

在气候变化、全球技术迅速发展的背景下，中国和东盟成为数字经济发展的热点地区，本章主要讲述了东盟数字产业的发展现状。目前，东盟数字产业的市场规模不断扩大，数字基础设施不断完善，数字化进程加快，再加上东盟丰富的自然资源以及庞大的年轻群众，使东盟数字产业的发展前景更加广阔。同时，东盟发展数字产业也带来了许多机遇，其中最大的机遇在于庞大的市场潜力和数字化转型的迫切需求，这为数字产业提供了更多的商业机会和市场需求，提高了东盟的竞争力和国际影响力。东盟各国已经将数字产业列为未来发展的重点领域，并出台了一系列相关政策和战略规划。除此之外，东盟的数字产业发展也存在风险与挑战，包括跨境数据流动受到限制，基础设施发展不完善以及地域政治和供应链风险等。

第一节　东盟数字产业发展的背景及原因

一、东盟数字产业发展的背景

东盟的前身是由马来西亚、菲律宾和泰国于 1961 年 7 月 31 日成立的东南亚联盟。1967 年 8 月,《曼谷宣言》发表,这标志着东南亚国家联盟也就是东盟的成立。目前东盟的成员国有:马来西亚、菲律宾、印度尼西亚、新加坡、泰国、文莱、老挝、越南、缅甸、柬埔寨。

在经济支出方面,东盟主要依靠消费拉动经济,但是东盟的经济支出占比在主要新兴市场中较低;在产业结构方面,东盟主要依赖服务业拉动经济,服务业增加值与消费相同,在主要新兴市场中处于偏低位置,与中国相近。在拥有的资源上,东盟的海洋与生物资源非常丰富,油气资源与金属矿产也颇为充足,还拥有橡胶、油棕等经济作物和水稻等农作物①。但是,随着近几年全球经济形势的不断变化,如公共卫生事件导致的经济发展速度缓慢,东盟所拥有的自然资源远远不够支撑东盟的发展,东盟开始注重各国的数字产业发展情况。2021 年 1 月 22 日,东盟数字部长系列会议宣布启动《东盟数字总体规划 2025》(以下简称《规划 2025》),旨在引导 2021~2025 年的东盟数字产业合作,推动东盟成长为一个由数字服务、技术、生态系统所驱动的安全性和变革性双管齐下的领先数字社区和经济体。

《规划 2025》是东盟国家为数字产业经济发展作出的"一揽子"计划中重要的一项。东盟注重数字产业发展的全球背景主要有:气候的变化以及全球技术的快速发展。气候变化威胁是全球性的问题,东盟地区尤其严重。《规划 2025》为了减缓气候变化带来的影响,选择更频繁地使用数字产品来减少碳排放。全球数字化趋势和技术的快速发展是《规划 2025》出台的一个重要背景,是东盟在国际竞争中寻求自身定位的重要考量因素。

东盟各国的经济发展水平并不平衡,内部数字基础设施发展差异较大;大部分的成员国信息通信基础设施的发展都相对落后,各国的网络便利化程度也大相径庭,这为东盟的数字基础设施建设提供了广阔的市场空间。此外,东盟数字经济消费体数量庞大,相应的数字经济产业规模也持续扩大,增加了数字基础设施的建设需求。东南亚是全球数字经济发展的

---

① 资料来源:华信研究院"一带一路"项目组.产业分析—东盟十国投资机会与风险[Z].2018-08-09.

热点地区，东盟数字经济市场发展潜力巨大。由《2021 年东南亚数字经济报告》（以下简称《报告》）可知，东南亚数字经济在公共卫生事件下逆势增长，互联网用户数量和数字经济产业规模都在持续扩大。2021 年，东南亚数字经济市场规模高达 1740 亿美元，并有望在 2025 年突破 3600 亿美元，到 2030 年甚至有可能达到 7000 亿~10000 亿美元。《报告》还指出，电子商务对于推动东南亚数字经济发展就如同引擎对于跑车，是东南亚数字经济发展的基础。到 2022 年底，电商产业商品交易总额将跨越 1200 亿美元，2025 年有望达到 2340 亿美元。线上媒体和旅游、交通出行以及外卖电商都是东南亚互联网经济的重要组成部分，其中的电商行业依旧是推动东南亚互联网经济增长的最大动力，这种趋势将一直维持到 2025 年。如今，消费者转向线上消费，更加刺激了全球电子商务行业快速发展。"东盟在线网购日"就是一个实例。"东盟在线网购日"旨在便利东盟企业通过电商渠道推广产品，促进东盟电子商务跨境发展，自 2020 年以来在每年的 8 月 8~10 日举行。中华人民共和国驻东盟使团经济商务处曾表示，2020 年，第一届东盟在线网购日有来自 10 个东盟成员国的 215 家企业，3055 个用户参加，而活动期间搜索量较多的产品是时装，以及茶、咖啡等特色产品。到了 2022 年，更是有从事电商平台、时装、家电等领域的 300 家企业和机构参加。

二、东盟数字产业发展原因

近年来，新科技革命席卷世界，在全球经济复苏乏力的背景下，随着数字经济的崛起，数字产业也成为各个国家发展的新兴产业，而东盟作为全球经济增长最快的地方之一，自然会抓住全球数字化的浪潮，在区域和国家层面陆续出台数字化发展战略，推动数字产业的发展。总的来说，东盟发展数字产业的原因有以下四个方面：

（一）发展前景广阔，优势巨大

东盟十国地理位置得天独厚，热带作物和自然资源比较丰富，而且人口基数庞大，截至 2022 年底，该地区拥有 6.7 亿人口，其中 61% 的人的年龄都在 35 岁以下，人口结构年轻化，人口红利期长（见图 3-1），这也意味着东盟地区数字消费市场庞大。从《东南亚数字消费者报告》中可以了解到，东南亚数字消费人口在 2020 年达 3.7 亿美元，网络消费规模也不断扩大，预计到 2025 年，东南亚数字消费支出将比 2020 年增加 3 倍，从 530 亿美元跃升至 1470 亿美元，每人每年网络交易额将从 2020 年的 172 美元增长 1.5 倍至 2025 年的 429 美元。东盟地区旺盛的数字消费需求和数量巨大的潜在消费人群，扩大了发展数字经济的空间，使东盟的数字产业市场前景非常广阔，并具备了诸多有利条件。

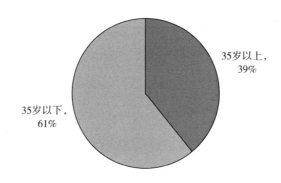

图 3-1　2022 年东盟地区的人口结构

（二）抵御外部冲击，加快经济复苏

近年来，世界经济受到了深刻的影响，而东南亚国家的产业多是以劳动密集型为主，受到的冲击更是强烈，所以东盟要达到重振经济的目的，就必须要靠发展数字产业来作为突破口。在公共卫生事件背景下，东盟各国纷纷出台管控措施，导致大部分人无法正常工作，国家运转几乎停滞，底层民众生计问题与公共卫生事件防控之间形成的突出矛盾成为一个待解决的难题。数字产业是一个充满生机和活力的产业，充满着挑战和机遇，发展数字产业可以改变人们的生活方式，很多产业都可以通过互联网来进行，让人们足不出户就可处理工作，可以很好地帮助失业的人再就业，改善就业环境。为此，东盟于 2021 年 1 月 26 日发布《东盟数字总体规划

2025》的区域性数据治理规划，旨在指引东盟 2021~2025 年的数字合作，将东盟建设成一个由具有安全性和变革性的数字服务、技术和生态系统所驱动的领先数字社区和经济体。东盟各国也加快了信息通信技术发展和数字化建设速度，推动经济发展，维持社会稳定。

（三）东盟地区的重视与支持

目前的亚太地区局势复杂，美国及其盟友积极打造美日印澳"四方安全对话"机制和美英澳三方安全伙伴关系，打破了原有的战略平衡，对"以东盟为中心"的区域框架带来了巨大的冲击。东盟为了维护自身的中心地位，迫切地需要增强总体实力，而发展数字产业就是其中一条途径。东盟地区的数字产业尚处于起步阶段，发展前景广阔，如果能挖掘出东盟经济发展的全部潜能，就能够改善东盟在国际上的尴尬处境。所以东盟各国纷纷发布数字战略规划，并先后制订了一系列数字经济发展计划，努力推动数字经济的发展，促进数字经济和实体经济深度融合，力图打造出具有国际竞争力的数字产业集群，实现"弯道超车"，增强自身的政治实力，实现独立处理地区事务的目标，尽力维护自身的利益。

（四）东盟地区的数字基础措施建设得以加强

为了顺利实现数字化转型，东盟各国纷纷加大了数字基础设施建设力度，这也是东盟数字产业发展的原因之一。数字基础设施建设是数字产业发展的核心，东盟国家近年来在技术、硬件设施、网络和业务模式等方面的探索和创新使其成为数字基础设施建设的领导者。例如，印度尼西亚政府推出"停车位共享"计划，旨在发展智能交通系统和数字化城市管理；2016 年泰国提出了泰国 4.0 战略计划，鼓励开放式创新和工业数字化转型；马来西亚推行了 5G 无线网络，利用技术创新推进数字医疗服务。这些国家通过数字化技术的应用，积极推动数字基础设施建设，为数字产业的繁荣奠定了坚实的基础。在未来，数字产业的市场需求会越来越大，东盟应继续加强数字基础设施建设以推动数字经济和全球数字产业的发展。

第二节 东盟数字产业的发展现状

一、软件与信息技术服务业

软件产业是国民经济和社会发展的基石，是具有先导性、战略性和支柱性的产业，对东盟国家的经济社会发展具有重要的支撑和引领作用。

近年来，东盟 ITO 和 BPO 行业市场份额有所增长，不过这些增长主要归功于成本的驱动，因为东盟国家的工资水平与其他地区相比仍有较大差距，远远低于其他地区的工资。例如，越南软件开发人员的工资比印度和中国低 40%，比美国低 90%。在东盟，人力成本仍然是外包的重要因素。另外，IT 技能的提升也对 ITO 和 BPO 行业市场份额的增长有着显著的推动作用。越南在政府的激励措施和优惠政策下，具有强大 IT 技能的软件工程师数量在不断上涨，且 IT 人才趋于年轻化，目前，越南 62% 的程序员年龄在 15~29 岁。2020 年，东盟的 ITO 市场已经占据全球市场的 11.5%（见图 3-2），BPO 市场占据全球市场的 18%。据汇丰银行预测，假设东盟国家在未来 10 年继续以同样的速度获得 ITO 和 BPO 的市场份额，东盟将占据全球 14% 以上的份额，并且到 2030 年，东盟 ITO 运营商的总收入将会从 2020 年的 450 亿美元增加至 1220 亿美元。

东盟至今还在加大对人工智能，机器学习的投资，以加速增长东盟的软件与信息技术服务业的能力。东盟的低人力成本和不断提高的信息技术技能同样为东盟软件与信息技术服务业的长期发展奠定了基础。

二、互联网和相关服务业

在互联网普及率上，根据《2021 年东南亚数字经济报告》，2021 年，东南亚国家互联网用户新增 4000 万名，合计 4.4 亿名用户，互联网普及

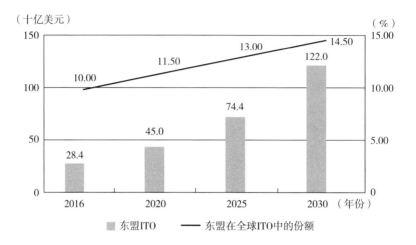

图 3-2 东盟 ITO 收入预测

资料来源：《东盟软件与 IT 服务（东盟软件业的崛起）》汇丰估计。

率达 75%。在网络资费方面，东盟国家固定宽带和手机流量的平均资费正在下降，如老挝的手机流量资费从 8.6% 下降到 5.9%。东盟各国数字基础设施建设大幅度提升，互联网发展随着时间的推移越来越好，但是目前整个东盟的发展水平还不够，各国互联网发展趋势差异较大。

一些经济水平发展速度高的国家，互联网发展水平也高，如新加坡、文莱、马来西亚这几个国家，它们的发展趋势在东盟地区占据领先地位；而经济水平发展速度低的国家，互联网发展的也比较缓慢，如缅甸、老挝和柬埔寨。2011 年，东盟中缅甸是网络用户的占比最低的国家，只有 9.8‰；而文莱占比最高达到 530‰。直至 2014 年，虽然网络用户的占比总体呈现上升趋势，但是，缅甸仍然位于最低位，占比仅有 21‰；文莱仍是最高位，占比 687.7‰（见图 3-3）。在移动网络普及率方面，东盟的 4G 网络普及率达 50% 以上。其中，泰国、新加坡的普及率达 99%，文莱普及率达 94.9%，菲律宾也已超过 70%（见图 3-4）。

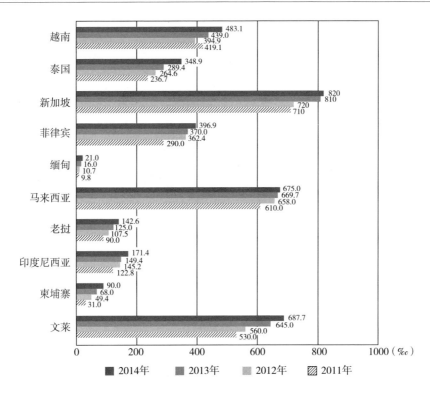

图 3-3　2011~2014 年东盟各国网络用户占比

资料来源：《东盟十国宏观经济》数据库。

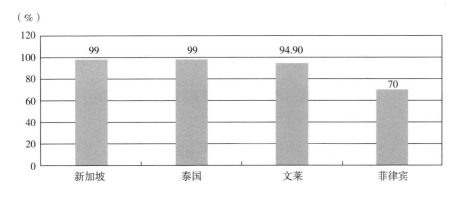

图 3-4　东盟 4G 普及率（部分国家）

资料来源：《2021 年东南亚数字经济报告》。

根据《2021年东南亚数字经济报告》，电子商务、外卖和数字金融服务在东盟互联网经济的增长动力上占据主要地位，预计到2025年，互联网经济将达到约3600亿美元。其中，2021年上半年，东南亚互联网公司并购交易总额达到115亿美元，接近2020年全年116亿美元的交易额。2021年有11家从事在线金融服务和电商的公司市值达到10亿美元，使东南亚地区的独角兽企业总数达到了23家。虽然东南亚的互联网经济在2020年仅仅只是恢复了活力，但是2021年的复苏将该地区的外卖行业成交金额（GMV）推向了1700亿美元。此外，网络媒体有望开启东南亚地区数字经济的下一波增长，但仍然面临着加强数据监管，完善基础设施，促进公平发展等问题，并且亟须解决技术人才紧缺的问题。

三、电信业

电信广播电视和卫星传输服务属于频率低、要求高、服务周期长的行业。东南亚各国的通信发展呈现出手机使用者数量增速领先于固定电话使用者的趋势。截至2020年，新加坡的电话用户数量位于东南亚首位，平均每100人中有32.3人使用电话，而手机用户拥有量则高至144.3部/百人。泰国的手机用户数量位于东南亚首位，手机普及率166.6部/百人，而电话用户仅有7.2部/百人。其他国家无论电话还是手机都处于中等地位，例如，文莱的电话用户2020年有23.7部/百人，手机用户则有122.7部/百人。

2017~2020年，由于这段时期东盟国家的电信广播电视和卫星传输服务技术快速发展，部分国家的电话用户在逐步增加的同时，也在往手机用户的方面靠拢。例如，随着电信业的发展文莱平均每100人的电话用户从2017年的19.7人增加至2020年的23.7人，但平均手机用户一直保持在100以上的水平。老挝平均每100人电话用户从2017年的16.2人增加至2020年的20.5人，而平均手机用户则一直保持在50以上。类似的还有马来西亚、菲律宾等，如表3-1所示。

表3-1 2017~2020年东盟各国平均每100人的电话、手机用户

	年份	2017	2018	2019	2020
电话	文莱	19.7	19.3	20.0	23.7
	老挝	16.2	21.0	20.8	20.5
	柬埔寨	0.8	0.5	0.3	0.3
	印度尼西亚	4.2	3.1	3.6	3.5
	马来西亚	21.2	23.6	23.2	23.1
	缅甸	1.0	1.0	1.0	1.0
	菲律宾	4.0	3.9	3.9	3.9
	新加坡	34.9	34.8	32.9	32.3
	泰国	14.4	8.7	7.8	7.2
	越南	4.6	4.5	3.8	3.3
手机	文莱	128.3	131.9	132.7	122.7
	老挝	53.4	51.9	60.8	56.4
	柬埔寨	116.0	119.5	129.9	126.1
	印度尼西亚	164.4	119.3	126.1	130.0
	马来西亚	136.1	134.5	139.6	135.1
	缅甸	89.8	113.8	151.6	144.4
	菲律宾	114.1	126.2	154.8	136.5
	新加坡	146.8	148.8	155.6	144.3
	泰国	175.6	180.2	186.2	166.6
	越南	126.9	147.2	141.2	142.7

资料来源:《2021年中国—东盟数据手册》。

对比可以发现,东盟的电信广播电视和卫星传输服务发展情况不像互联网那样处于前线,政府对于电信广播电视和卫星传输服务方面的投入力度并不大。在5G互联网普及的现在,电话在某些方面确实不如手机互联网来得方便,如视频通话、电子商务、快递物流等,这些因素的存在无疑在一定程度上限制了广播电视的发展。但是,利用有线/无线的电磁系统或者光电系统传送、发射或者接收语音、文字、数据、图像以及其他任何形式信息的活动即电信活动在现在的生活里还占据着不可缺失的位置,以

东盟现在的科技水平仍然需要电信服务进行交流等活动。所以电信广播电视和卫星传输服务业在东盟地区中还具有一定发展的前景。

四、电子信息制造业

电子信息制造业相比其他制造业需要更高的研发投入和资本，而且设计和制造流程较为复杂，电子信息制造业的发展需要形成高度专业化的全球供应链。

在政府激励措施的支持、充裕的人力资源和大规模投资的条件下，印度尼西亚等东南亚国家成为发展电子信息制造业的热门区域（见图3-5）。

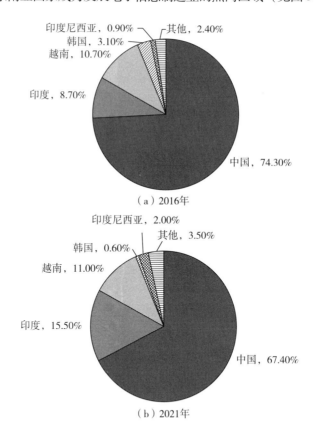

（a）2016年

（b）2021年

图3-5　各国手机产量在全球总产量中的占比变化

资料来源：Counterpoint，《财经杂志》整理。

越南凭借着廉价的劳动力,优秀的招商引资政策,吸引了一大批全球大型电子企业注资越南,韩国的三星、美国的苹果、中国台湾的富士康都已将部分生产环节转移至越南,带动产业链上下游企业转移。2020 年越南的电子信息制造业出口增长 17.35%,市场份额上升了 0.43 个百分点至 4.31%,国际竞争力综合得分 102.48,较 2019 年上升 0.12,排位提升至第五。

马来西亚不仅是东南亚主要的半导体出口市场之一,也是全球半导体封装测试的主要中心之一,拥有超过 50 家大型半导体公司,其中大多数是跨国公司,包括 AMD、恩智浦、英特尔等。

根据《2021 年中国—东盟数据手册》,2021 年东盟对世界和中国的十大出口产品中的第一位是电机、电气设备等,可以看出印度尼西亚、越南、马来西亚国家的计算机通信和其他电子设备制造业的发展成功地带动了东盟的数字经济产额增长。

第三节　东盟数字产业发展的成效

一、落后产业开始转型升级

东盟作为全球重要的经济体之一,其在人力、自然资源、市场等方面拥有很大的潜力。但是东盟长期以来专注于一些传统经济产业,在现代产业、技术及创新方面滞后,存在许多落后产业,难以满足全球市场竞争的要求。所以东盟地区注重落后产业的转型升级,开始发展新兴技术领域。随着全球科技的不断进步,数字技术正在引领着产业发展的新方向,促进了工业和商业的数字化转型。东盟地区也积极响应这一趋势,深入研究数字技术对于其本地区经济发展的影响,逐步实现产业数字化升级,将数字技术运用于各行业之中,如制造业、物流、供应链等,力图打造出大规模的数字产业，搭建起一个数字平台，为东盟地区注入新的经济活力，从而提高其在全球产业链中的位置和竞争力。在制造业方面，数字化转型不仅提高了产品的生产率和效益，而且还大幅降低了生产成本，同时也扩大了企业的市场影响力。例如，越南的一家制造企业采用了智能制造技术，实现了生产自动化和生产计划的优化，生产效率提高了约25%，生产成本降低了20%以上。在物流和供应链方面，数字化转型提高了整体物流效率，并促进了物流服务的标准化和自动化。例如，泰国某物流公司利用AI技术和传感器技术，实现了实时数据采集和分析监控，并可用于预测目的地到达时间、减少损失和损坏，提升了运输过程的可靠性和安全性，降低了物流成本。总之，数字领域的发展加速了东盟产业的升级和转型，为东盟地区企业走向全球市场提供了更多的机遇和挑战。

二、积极参与全球产业链重组

东盟是新兴技术应用的前沿地区，数字产业在东盟的发展中发挥着越来越重要的作用。当前，全球产业链正在经历重大变革，东盟地区抓住这一机遇，积极推动数字产业的快速发展，为其崛起提供了有利的布局。然而，东盟目前的产业仍主要以原材料出口和手工制作的初步加工为主，在全球价值链中所处的位置不高。因此，为了提高在全球化中的竞争力，东盟需要加强产品的科技含量，提升附加值，才能够大规模提升产业水平，促进区域和全球经济的发展。但是自2020年开始，世界产业链的布局开始改变，一些发达国家的企业将目光聚集在东南亚地区，而东盟通过发展数字产业的方式，将政治稳定、人口红利、自然资源和地理位置的优势展示在世界面前，成为全球吸引外部投资的主要目的地之一，为东盟地区在全球产业链中寻求更高的地位提供了新的可能性，并成功创造出附加值高的产品，与国际逐步接轨。而且数字经济是东盟地区发展数字产业的核心，其中的互联网、物联网和人工智能等技术，为产业赋予了更多的应用场景，在数字经济的驱动下，新兴数字产业的蓬勃发展，为东盟国家提供了更多的机会和活力。所以东盟各国积极利用全球产业链重组带来的机遇，在数字产业的发展中加强合作，以加快数字产业的崛起进程，推动东盟地区向一个真正具有创新能力和竞争力的地区转型，实现可持续发展的目标。

三、数字产业发展与区域一体化相联系

东盟一直在致力于推动数字化发展和区域一体化，这两者相辅相成且互为条件。数字化发展将产生新的机遇，为区域一体化进程带来新的动力和加快进程。数字领域对于东盟地区的经济发展具有至关重要的意义，发展数字产业，可以带来全新的商业模式和创新产品，例如，数字支付、智能物流等新兴业态。这不仅解决了人口红利消失和环境变化带来的挑战，也为东盟地区的经济发展带来了新的动力。数字化发展的快速增长，无疑加速了东盟区域一体化进程的推动。数字产业的发展加强了东盟国家间跨境通信的能力，并促进了区域内的投资自由化、流动性和便利性。例如，东盟自由贸易区（AFTA）和东盟经济共同体（AEC）的建立，促进了区域内资本、人才和技术资源的流动，进一步扩大了数字经济的市场，对打破东盟各国之间的合作壁垒提供了有利条件。同时，区域一体化进程也有助于数字产业的发展。东盟区域一体化发展可以最大限度地凝聚东盟各国力量，整合资源，推动东盟数字产业得到更高水平的发展，让东盟在国际竞争和全球产业链发展中争取相对有利的地位。政府之间、企业之间和投资者之间的合作，是数字化和一体化融合发展的主要力量，东盟如果要更好地实现数字化的发展和区域一体化的进程，就需要加强合作和政策制定。此外，东盟不断加强与周边国家和地区的数字产业合作和交流，推动区域数字产业的发展和区域一体化的进程。近年来，东盟与中国在数字合作方面也取得了一系列初步进展，双方携手共进，共护区域和平与安全、共促经济繁荣、共建友好关系，发布了持续深化中国与东盟全方位战略合作的《中国—东盟全面战略伙伴关系行动计划（2022-2025）》，指出东盟与中国会加强在数字领域的互联、共迎第四次工业革命浪潮。

四、智慧物流和跨境电商等新兴产业蓬勃发展

随着互联网覆盖范围的扩大和物流网络的建设与完善，东盟的数字产业逐渐发展成熟，并在市场上得到了快速增长，成为经济增长的新引擎。这在一定程度上得益于互联网普及带来的大规模用户、方便的社交网络和越来越高效的物流服务。目前，东盟的商业环境逐渐发达，越来越多的人使用互联网来完成商业交易，很多数字产业在这种发展趋势下得到了快速发展，开始在东盟地区实现崛起，东盟的物流网络也变得更加灵活高效，提供了更多与数字产业相关的服务和机会，加速了全球化和跨境电商的蓬勃发展。东盟的营销渠道和商业模式也得到了大量的改进和创新，通过电商平台和支付系统，企业得以更有效地触达广泛的受众。但许多发展中国家仍然面临高昂的物流和运输成本，这些成本限制了他们参与全球化和跨境贸易的能力，这也限制了他们的经济进步。面对这些挑战，东盟国家通过优化和升级物流网络的建设，从而实现了便利物流，使东盟地区在数字物流和跨境电商领域具有竞争优势和更大的机遇，可以说东盟国家在推进物流领域的发展中扮演着至关重要的角色。这些努力不仅为东盟国家提供了新的发展机遇，同时也为全球跨境贸易网络提供了更加稳定和可持续的基础设施和服务。所以东盟各国应该进一步促进数字化、互联网普及和物流网络等多方面的发展，重视数字产业的创新，以推动东盟数字产业的发展，加快东盟区域经济一体化的进程。

第四节　东盟数字产业发展的挑战

一、数据治理和基础设施

随着全球数字化浪潮的涌动，东盟国家正致力于加速其数字化转型的

进程。然而，在追求创新和经济增长的道路上，东盟在数据治理和基础设施面临着诸多挑战。

一是数据在不同国家间的流动受到限制。在东盟国家中，各国政府都认识到了对数字数据治理的重要性，但每个成员国采取的方法却不尽相同。采用"东盟跨境数据管理框架"的国家仍处于初级阶段，只有少数国家设立了促进跨境数据流动的系统，以促进创新发展和经济增长。此外，东盟国家在商业界缺乏确保数据标准的动力。《亚太经合组织跨境隐私规则》（CBPR）系统由政府支持，用来证明公司遵守国际公认的数据隐私保护规则。然而，这一认证效果并不显著。在东盟内部，一些国家引入了繁琐的个人数据本地化限制，这对具有跨境数字业务的企业产生了负面影响。数据治理框架不完善已经成为东盟各国必须面对的问题，部分东盟国家甚至尚未制定个人数据保护法，数据隐私保护的操作性不强。

二是东盟的基础设施体系发展不完善。在整个东南亚，光纤和宽带网络等关键基础设施仍然处于落后的状态。东南亚国家的欠发达地区和农村地区仍然存在着互联网和移动电话普及率低，互联网连接不通畅的问题。虽然东盟的一些成员国正在大力投资5G甚至6G技术，但多数国家依旧使用着3G网络，而且连接时断时续。国际电信联盟秘书长赵厚麟指出："加快数字基础设施建设是当前全球最紧迫和最关键的问题之一。不改善数字基础设施，弥合数字鸿沟就是一句空话。"即便如此，东盟各国的信息通信基础设施还是发展不均衡，并且总体水平不高。东盟曾于《规划2025》中表示："卓越的电信基础设施是任何数字转型的核心。"但是，东盟在面对各国发展水平的差异时也不得不承认："期望所有东盟成员国在相同级别投资于连接性改进是不现实的。"

二、中小微企业面临新要求

一方面，中小微企业面临着数字化转型的要求。在2020年之前，由于在硬件和软件方面采用数字技术以及要满足数字技术差距所涉及的成本高昂，数字化并不是中小企业的优先选项。2020年之后，东南亚的中小企业急需进行数字转型，它们必须灵活采用数字工具以维持企业运作。整个东南亚地区，许多企业抛弃了传统的低效销售方式，采用了新的销售方式，并积极拥抱数字化，以实现整个地区的数字化转型加速。东盟地区政府应该抓住机遇，通过加速数字化进程和构建包容性的数字化未来，帮助东南亚的中小微企业增强韧性并变得更加强大。

另一方面，中小企业还面临着数字化素养提升的要求和数字人才缺乏的挑战。企业数字化面临的主要挑战是数字人才缺失。数字经济的新兴领域，如金融技术、大数据、人工智能等领域，均需要专门的技术人才。除了技能需求，数字化进程还需要全面的业务转型。尽管高等教育和培训机构（IHLs）传统上被视为知识的灯塔，它们能够提供经济发展所需的培训和认证，但快速数字化发展的趋势意味着高等教育和培训机构已经滞后，难以满足当前经济发展需求。东盟的年轻人口将近两亿，他们是东盟的希望和未来。对于数字时代的年轻人来说，如果想抓住新时代的机遇并面对新形势所带来的挑战，掌握数字技能是必不可少的。近年来，华为与东盟进行了深度合作，通过"未来种子计划"和"华为东盟学院"等项目，培养了超过15万名数字人才，提高了东盟年轻人的数字专业能力。

第四章 东盟数字产业发展的
关联效应与价值构成

数字经济依赖于数字产业，数字产业之间的产业关联，以及数字产业与其他产业之间的产业关联是一个值得研究的议题，可以回答在数字经济发展中数字产业的投入产出的变化特征，揭示数字产业发展与传统产业之间的物质消耗关系，也可以揭示数字产业发展过程中的增加值、利税额等变化趋势。东盟各国试图将制造业、农业、运输业等多个行业与数字经济相互融合，搭建起相应的数字平台畅通融资发展渠道，不断增强企业数字经济生产、运营以及销售的相关能力，实现数字经济与传统经济之间的良好循环。例如，马来西亚部分企业将传统的木雕艺术与 3D 打印相结合；越南通过线上渠道为农民提供更加便利的技术服务；印度尼西亚提供从农场到餐厅的线上服务平台，满足不同群体的需求。

第一节 产业关联与投入产出法

一、产业关联

产业关联理论是通过研究产业之间的中间投入和中间产出之间的关系

来分析产业关系的理论，通过分析各产业的中间投入和中间需求关系，揭示各相关产业的关联关系（包括前向关联和后向关联等）和产业的波及效果（包括产业感应度和影响力、生产的最终依赖度以及就业和资本需求量等）。

二、投入产出分析

由美国经济学家 W. Leontief 于 1936 年完善的"投入产出分析"（Input-output Analysis）是产业关联分析的基本工具，是当前国民经济核算体系的重要组成部分，是研究经济理论问题的分析框架，更是一般均衡条件下分析经济结构问题的重要方法。其中，"投入"是指产品生产所消耗的原料、能源、固定资产和活劳动，而"产出"是指产品生产出来后的分配流向，包括生产的中间消耗、生活消费和积累。投入产出方法依赖于一个反映国民经济结构和部门联系模型体系框架，构造出一整套数据精确、逻辑严谨的实证经济模型，编制一张反映一定时期内，货物与服务在国民经济所有部门之间流量的投入产出表。

由于计算机、电子和光学设备产业是数字经济技术创新、引领和支撑的产业，数字经济发展依赖于计算机、电子和光学产业领域的发展和创新，而电气设备产业是高精设备制造领域，也是支持数字基础设施的主要领域。所以本文所采用的东盟各国数字经济产业关联分析，主要以这两个数字经济的支撑产业为基础，来分析它们自身及与其他产业之间的投入产出关系。投入产出分析从两个维度展开，分别为关联效应分析和价值构成分析。关联效应分析以直接消耗系数和影响力系数来衡量，价值构成分析以物耗产值率、工资产值率、物耗利税率、工资利税率、物耗净产值率来衡量。

本章数据来源于经济合作与发展组织（Organization for Economic Co-operation and Development，OECD）编制的东盟十国投入产出表，主要用以对东盟十国的相关研究。本章采用 2007~2018 年东盟十国的投入产出表作为基础数据，研究范围包括表中的东盟十国，即文莱、柬埔寨、老挝、缅甸、新加坡、印度尼西亚、菲律宾、马来西亚、泰国和越南共10个东盟国家。

三、具体计算公式

本章所涉及的计算公式如表4-1所示。

表4-1　本章涉及的具体公式

名称	计算公式
直接消耗系数	$a_{ij} = x_{ij} / x_j$
影响力系数	$F_j = (\sum G_{ij}) / [(1/n) \sum \sum G_{ij}]$
物耗产值率	$X_j / \sum X_{ij}$
工资产值率	X_j / V_j
物耗利税率	$M_j / \sum X_{ij}$
工资利税率	M_j / V_j
物耗净产值率	$(V_j + M_j) / \sum X_{ij}$

（一）直接消耗系数

也称为投入系数，记为a_{ij}，是指j部门在生产一单位产品的过程中直接消耗的i部门的产品或服务的数量。直接消耗系数的取值范围在0~1，a_{ij}越大，说明第j部门对第i部门的直接依赖性越强；a_{ij}越小，说明第j部门对第i部门的直接依赖性越弱；$a_{ij}=0$则说明第j部门对第i部门没有直接的依赖关系。直接消耗系数是建立模型最重要、最基本的系数，是投入产出模型的核心。由直接消耗系数a_{ij}构成的n×n的矩阵，称为直接消耗系数矩阵，该矩阵反映了投入产出表中各产业部门间技术经济联系和产品之间的技术经济联系。

（二）影响力系数

影响系数是指国民经济某一个产品部门增加一个单位最终产品时，对国民经济各部门所产生的生产需求波及程度，可以反映国民经济各部门生产的后向效应，即某一部门对其他部门的带动作用。影响力系数大的产业能够诱发新的经济活动或产出新的产业部门，带动整体经济的发展。影响力系数越大，说明该部门对国民经济各部门生产的需求拉动作用也越大。该系数如果大于1，表示该部门生产对其他部门生产的波及影响程度超过社会平均影响力水平；该系数等于1，则表示该部门生产对其他部门生产的波及影响程度等于社会平均影响力水平；该系数小于1，则表示该部门生产对其他部门生产的波及影响程度小于社会平均影响力水平。

（三）物耗产值率

物耗产值率指的是部门在生产过程中，部门所消耗的物质与国民经济所有部门的总产值之间的比率，该比率越小越好。

（四）工资产值率

工资产值率指部门在生产过程中，部门所创造的价值与员工所获得工资之间的比率，这一比率可以用来衡量部门的生产效率和员工的付出程度，也可以反映财富分配的特点。工资产值率越高，说明员工的劳动效益越高，部门的生产效益也越高。

（五）物耗利税率

物耗利税率指的是部门在生产过程中，部门利税总额与国民经济所有部门的总产值之间的比率，该比率越大越好。

（六）工资利税率

工资利税率指的是部门在生产过程中，部门所产生的税收量与员工所获得的工资之间的比率，该比率越大越好。其中，M_j包括福利基金、利税和其他。

（七）物耗净产值率

物耗净产值率指的是部门在生产过程中，员工所获得的工资和部门所产生的税收量之和与国民经济所有部门的总产值之间的比率，该比率越大越好。

第二节　关联效应分析

一、直接消耗系数的总体趋势

直接消耗系数是最基本的投入产出系数，体现了列昂惕夫模型中生产结构的基本特征，体现产业后向关联的程度，充分揭示了国民经济各部门之间的技术经济联系，即部门之间相互依存和相互制约关系的强弱，并为构造投入产出模型提供了重要的经济参数（陈楠和蔡跃州，2019；韩嵩和吴海建，2019）。

表 4-2 为计算机、电子和光学设备产业与自身的直接消耗系数。由表 4-2 可知，计算机、电子和光学设备产业使用了国民经济大多数部门的产品，但使用程度差距较大。大部分东盟国家的计算机、电子和光学设备产业与自身的直接后向关联效应最强。东盟十国里，泰国的直接消耗系数最高，文莱最低。

表 4-2　2007~2018 年东盟十国计算机、电子与光学设备产业的直接消耗系数

	2007 年	2008 年	2009 年	2010 年	2011 年	2012 年	2013 年	2014 年	2015 年	2016 年	2017 年	2018 年	平均值	最小值	最大值
越南	0.298	0.475	0.462	0.458	0.411	0.353	0.379	0.409	0.432	0.434	0.456	0.419	0.415	0.298	0.475
文莱	0.007	0.006	0.008	0.013	0.010	0.009	0.010	0.010	0.007	0.019	0.009	0.008	0.010	0.006	0.019
柬埔寨	0.008	0.019	0.048	0.269	0.260	0.258	0.241	0.250	0.164	0.298	0.299	0.290	0.200	0.008	0.299
印度尼西亚	0.097	0.137	0.152	0.173	0.161	0.171	0.180	0.187	0.201	0.202	0.204	0.203	0.172	0.097	0.204
老挝	0.014	0.011	0.010	0.017	0.055	0.049	0.070	0.108	0.088	0.049	0.046	0.048	0.047	0.010	0.108
马来西亚	0.471	0.493	0.441	0.437	0.456	0.433	0.431	0.397	0.392	0.401	0.390	0.398	0.428	0.390	0.493
菲律宾	0.460	0.385	0.352	0.319	0.223	0.199	0.182	0.165	0.194	0.193	0.189	0.195	0.255	0.165	0.460

续表

	2007年	2008年	2009年	2010年	2011年	2012年	2013年	2014年	2015年	2016年	2017年	2018年	平均值	最小值	最大值
新加坡	0.341	0.302	0.335	0.303	0.245	0.242	0.245	0.246	0.335	0.325	0.315	0.327	0.297	0.242	0.341
泰国	0.537	0.519	0.529	0.435	0.470	0.492	0.514	0.535	0.453	0.534	0.534	0.532	0.507	0.435	0.537
缅甸	0.161	0.142	0.134	0.114	0.091	0.083	0.093	0.101	0.132	0.133	0.143	0.129	0.121	0.083	0.161
平均值	0.239	0.249	0.247	0.254	0.238	0.229	0.235	0.241	0.240	0.259	0.258	0.255			
最大值	0.537	0.519	0.529	0.458	0.470	0.492	0.514	0.535	0.453	0.534	0.534	0.532			
最小值	0.007	0.006	0.008	0.013	0.010	0.009	0.010	0.010	0.007	0.019	0.009	0.008			

在所有的产业中，数字经济消耗最多的产业是计算机、电子和光学设备产业。而且，大部分东盟国家的计算机、电子和光学设备产业与其自身具有较强的后向产业关联关系。其主要的原因是，东盟十国大部分都是发展中国家，计算机、电子和光学设备产业处于全球产业链、价值链的中低端，该产业生产的产品需要较多的自身相关投入。泰国的计算机、电子和光学设备产业对其自身的直接消耗系数最高（平均值为0.507）。越南和马来西亚，紧随其后（平均值为0.415和0.428），新加坡、印度尼西亚、柬埔寨这些国家的直耗系数也相当高（平均值为0.172~0.297）。这说明这些国家对于计算机、电子和光学设备产业产品和服务的消耗大部分来自产业自身发展的需要。相反，由于发展规模小的原因，对于老挝、文莱和缅甸，这些产业的直耗系数则相对较低（平均值为0.010~0.047）。

在2007~2018年的时间维度上，东盟国家的直接消耗系数可分为两组，一组为马来西亚、菲律宾、新加坡、泰国、越南和缅甸，它们的特征是计算机、电子和光学设备产业虽然与其自身具有最强的后向产业关联关系，但有明显的下降趋势，即2007年直接消耗系数最高，2018年直接消耗系数最低。另外一组为文莱、柬埔寨、印度尼西亚、老挝，它们的特征为直接消耗系数呈上升趋势，2007年直接消耗系数最低而2018年直接消耗系数最高。值得指出的是菲律宾，该国的直接消耗系数快速下滑，2007年菲律宾的直接消耗系数为0.460，但2018年降为0.195。

表4-3体现出电气设备产业与自身的直接消耗系数。由表4-3可知，

东盟十国电气设备产业的直接消耗系数较低，各国之间的消耗程度差距较大，印度尼西亚和越南的直接消耗系数平均值最高，分别为0.075和0.057，新加坡、老挝和文莱的直接消耗系数平均值最低，分别为0.008、0.014和0.011。

表4-3　2007~2018年东盟十国电气设备产业的直接消耗系数

	2007年	2008年	2009年	2010年	2011年	2012年	2013年	2014年	2015年	2016年	2017年	2018年	平均值	最小值	最大值
越南	0.025	0.023	0.022	0.023	0.030	0.046	0.073	0.079	0.084	0.091	0.086	0.102	0.057	0.022	0.102
文莱	0.007	0.006	0.008	0.013	0.010	0.014	0.019	0.010	0.007	0.019	0.009	0.008	0.011	0.006	0.019
柬埔寨	0.003	0.006	0.013	0.055	0.041	0.042	0.042	0.045	0.031	0.043	0.044	0.048	0.034	0.003	0.048
印度尼西亚	0.070	0.080	0.093	0.108	0.102	0.097	0.086	0.074	0.059	0.042	0.042	0.046	0.075	0.042	0.108
老挝	0.000	0.000	0.010	0.009	0.009	0.014	0.022	0.023	0.016	0.015	0.014	0.014	0.014	0.000	0.032
马来西亚	0.028	0.025	0.026	0.027	0.028	0.034	0.037	0.036	0.039	0.035	0.035	0.038	0.032	0.025	0.039
菲律宾	0.003	0.005	0.007	0.009	0.018	0.015	0.019	0.023	0.023	0.024	0.022	0.022	0.016	0.003	0.024
新加坡	0.009	0.008	0.008	0.007	0.007	0.007	0.007	0.009	0.009	0.009	0.009	0.007	0.008	0.007	0.009
泰国	0.008	0.011	0.011	0.021	0.014	0.011	0.013	0.012	0.018	0.010	0.010	0.011	0.013	0.008	0.021
缅甸	0.040	0.031	0.031	0.037	0.033	0.031	0.038	0.039	0.049	0.052	0.048	0.047	0.040	0.031	0.052
平均值	0.019	0.019	0.023	0.031	0.029	0.032	0.036	0.036	0.034	0.034	0.032	0.035			
最大值	0.070	0.080	0.093	0.108	0.102	0.097	0.086	0.079	0.084	0.091	0.086	0.102			
最小值	0.000	0.000	0.007	0.007	0.007	0.007	0.007	0.009	0.007	0.008	0.008	0.008			

在2007~2018年的时间维度上，东盟十国电气设备产业的直接消耗系数都有一定的变动。其中一部分国家在中间年份系数上升，之后缓慢下降，如文莱、印度尼西亚、老挝、缅甸。而越南、新加坡、菲律宾和马来西亚消耗系数有明显的上升趋势。其中，越南电气设备产业的直接消耗系数增加最快，从2007年的0.025上升到2018年的0.102。

表4-4体现出计算机、电子和光学设备产业与批发零售业、机动车辆修理产业的直接消耗系数。如表4-4所示，除了自身消耗，计算机、电子和光学设备产业在生产过程中消耗最多的产业是批发零售业、机动车

辆修理产业。这表明，该两个产业的关联效应最强，即计算机产业生产对批发、零售、维修等轻资产的服务需求较强。菲律宾的直接消耗系数为最高（平均值0.142）而文莱为最低（平均值0.065）。大部分东盟国家计算机、电子和光学设备产业对批发零售业、机动车辆修理产业的平均直接消耗系数为0.08~0.154。

表4-4　2007~2018年东盟十国计算机、电子和光学设备产业与批发零售业、机动车辆修理产业的直接消耗系数

	2007年	2008年	2009年	2010年	2011年	2012年	2013年	2014年	2015年	2016年	2017年	2018年	平均值	最小值	最大值
越南	0.120	0.113	0.101	0.099	0.093	0.088	0.087	0.092	0.097	0.100	0.098	0.095	0.098	0.087	0.120
文莱	0.087	0.096	0.068	0.066	0.055	0.066	0.068	0.057	0.049	0.066	0.055	0.049	0.065	0.049	0.096
柬埔寨	0.079	0.071	0.078	0.089	0.100	0.087	0.088	0.088	0.095	0.078	0.070	0.073	0.083	0.070	0.100
印度尼西亚	0.095	0.110	0.127	0.135	0.131	0.121	0.117	0.112	0.106	0.101	0.101	0.104	0.113	0.095	0.135
老挝	0.130	0.125	0.146	0.154	0.110	0.107	0.120	0.114	0.129	0.114	0.107	0.110	0.122	0.107	0.154
马来西亚	0.125	0.129	0.138	0.131	0.142	0.130	0.123	0.123	0.128	0.133	0.137	0.129	0.131	0.123	0.142
菲律宾	0.127	0.137	0.151	0.143	0.141	0.145	0.145	0.147	0.144	0.144	0.143	0.140	0.142	0.127	0.151
新加坡	0.114	0.113	0.116	0.119	0.109	0.104	0.107	0.119	0.123	0.135	0.134	0.134	0.119	0.104	0.135
泰国	0.132	0.131	0.128	0.135	0.130	0.129	0.131	0.128	0.136	0.125	0.126	0.127	0.130	0.125	0.136
缅甸	0.100	0.101	0.102	0.109	0.110	0.115	0.107	0.102	0.091	0.096	0.102	0.073	0.101	0.073	0.115
平均值	0.111	0.113	0.116	0.118	0.112	0.109	0.109	0.108	0.110	0.109	0.107	0.103			
最小值	0.079	0.071	0.068	0.066	0.055	0.066	0.068	0.057	0.049	0.066	0.055	0.049			
最大值	0.132	0.137	0.151	0.154	0.142	0.145	0.145	0.147	0.144	0.144	0.143	0.140			

直接消耗系数最高的年份集中于2009~2012年，原因可能是2008年全球经济危机，东盟国家受到了重大的影响，在政府和人民不断地努力下社会经济发生了积极变化但效果不显著，宏观经济总体趋于平稳。原因还可能是2010年1月1日起中国—东盟自由贸易区协定（China-asean Free Trade Area，CAFTA）生效，与此同时东盟—澳大利亚和新西兰自由贸易区协定（ASEAN Australia New Zealand Free Trade Area Agreement，

AANZFTA）也同时生效，这两个协定的生效减少了关税壁垒从而促进区内贸易的强劲增长，为东盟国家创造了巨大的机会。

除了对自身的消耗和对批发零售业、机动车辆修理产业的消耗，东盟国家的计算机、电子和光学设备产业还消耗其他产业的产品，但存在消耗不稳定、数量不多、波动力较强等问题。

东盟各个国家的数字经济产业的主要消耗产业不尽相同。老挝的计算机、电子和光学设备产业的消耗主要来自于基本金属产业的产品（平均值为 0.203）这说明老挝的数字经济产业对基本金属产业的产品有大量的需求，优先发展该产业可以促进数字经济的发展。缅甸的化学及化学产品产业和橡塑制品产业的直接消耗系数（平均值在 0.045~0.050）大于其他产业，这表明缅甸的数字经济产业对这两个产业的产品需求较强，即依赖性较强。越南的计算机、电子和光学设备产业对电气设备产业的需求和依赖性越来越强（2018 年直接消耗系数达 0.102），但对其他非金属矿产品产业的消耗越来越弱（消耗系数从 0.202 降为 0.008），甚至近几年似乎没有消耗。而印度尼西亚正好相反，对电气设备产业的消耗越来越弱（消耗系数从 0.07 降为 0.046），但对其他非金属矿产品产业的消耗越来越强（消耗系数从 0.003 涨到 0.047）。新加坡计算机、电子和光学设备产业产品直接消耗生产要素主要来源于行政和支持服务产业。2007~2009 年柬埔寨的数字经济产业对金属制品产业的消耗系数为 0.04~0.06，但是从 2010 年起似乎没有消耗。类似的情况为越南，其他非金属矿产品产业在 2007 年的消耗系数为 0.2，但近几年消耗系数都小于 0.001。

总体而言，2007~2018 年东盟十国都注重发展数字经济产业，作为数字经济产业的支撑产业的计算机、电子和光学设备产业，其自身消耗系数大。此外，大部分东盟国家的计算机、电子和光学设备产业对工业的依赖程度高于服务业和农业，计算机、电子和光学设备产业对工业的平均直接消耗系数大于对服务业的平均直接消耗系数，并远远大于对农业的直接消耗系数。

二、影响力系数的总体趋势

本章使用投入产出表的相关公式来计算出影响力系数，该系数反映了计算机、电子和光学设备产业增加一个单位最终使用时对各产业的需求波及程度。由表4-5可知，2007～2018年东盟十国的影响力系数都大于1，这意味着数字经济产业的生产对其他产业所产生的波及影响程度超过社会平均影响水平，对国民经济其他部门具有较强的推动作用，即数字经济产业对其他部门的拉动作用较大，增加对数字经济产业部门的消费，投资和出口将引起各部门产品需求量的增加，从而推动整个国民经济的发展。

表4-5 2007~2018年东盟十国的影响力系数

	2007年	2008年	2009年	2010年	2011年	2012年	2013年	2014年	2015年	2016年	2017年	2018年	平均值	最小值	最大值
文莱	1.137	1.168	1.120	1.166	1.171	1.160	1.149	1.132	1.098	1.143	1.097	1.094	1.136	1.094	1.171
柬埔寨	1.108	1.115	1.114	1.129	1.134	1.134	1.138	1.137	1.135	1.164	1.167	1.165	1.137	1.108	1.167
印度尼西亚	1.204	1.181	1.198	1.230	1.215	1.227	1.233	1.233	1.224	1.211	1.219	1.223	1.216	1.181	1.233
老挝	1.222	1.196	1.233	1.220	1.134	1.172	1.146	1.174	1.218	1.209	1.196	1.185	1.192	1.134	1.233
马来西亚	1.251	1.250	1.243	1.253	1.335	1.343	1.350	1.358	1.330	1.329	1.323	1.329	1.308	1.243	1.358
菲律宾	1.255	1.234	1.219	1.220	1.212	1.209	1.205	1.202	1.202	1.200	1.201	1.205	1.214	1.200	1.255
新加坡	1.273	1.259	1.262	1.253	1.219	1.218	1.215	1.224	1.272	1.296	1.293	1.298	1.257	1.215	1.298
泰国	1.415	1.397	1.411	1.357	1.391	1.398	1.406	1.417	1.364	1.439	1.443	1.446	1.407	1.357	1.446
越南	1.209	1.249	1.259	1.252	1.239	1.235	1.238	1.222	1.208	1.193	1.192	1.189	1.224	1.189	1.259
缅甸	1.121	1.113	1.107	1.117	1.114	1.112	1.107	1.112	1.121	1.119	1.114	1.113	1.114	1.107	1.121
平均值	1.220	1.216	1.217	1.220	1.216	1.221	1.219	1.221	1.217	1.230	1.224	1.225			
最小值	1.108	1.113	1.107	1.117	1.114	1.112	1.107	1.112	1.098	1.119	1.097	1.094			
最大值	1.415	1.397	1.411	1.357	1.391	1.398	1.406	1.417	1.364	1.439	1.443	1.446			

在时间维度上，2007~2018年东盟十国的影响力系数都相当稳定，所有东盟国家的影响力系数都大于1，大于国民经济综合平均影响力，在一定的程度上表明东盟计算机、电子和光学设备产业对其他部门的需求拉动

作用较强。

泰国的影响力系数在东盟十国中一直为最高，马来西亚、新加坡紧随其后，其次是越南、印度尼西亚、菲律宾，这些国家影响力系数也相当高。此外，越南、缅甸、老挝和文莱近几年影响力系数略微有下降趋势。这说明东盟国家的计算机、电子和光学设备产业是国民经济的主导产业，对国民经济具有更强的带动效应。

越南、菲律宾、文莱、老挝和缅甸的影响力系数呈明显的下降趋势。而泰国、新加坡、印度尼西亚和柬埔寨呈上升趋势，马来西亚中间年份有所上升，但之后为下降趋势。

第三节 价值构成分析

一、物耗产值率总体趋势

如表4-6所示，总体而言，大多数国家的计算机、电子和光学设备产业的物耗产值率变化趋势比较平稳，只有新加坡和泰国的物耗产值率呈下降趋势，以及越南的物耗产值率呈现略微的上升趋势。

表4-6 2007~2018年东盟各国在计算机、电子和光学设备产业的物耗产值率

年份	柬埔寨	文莱	印度尼西亚	老挝	马来西亚	缅甸	菲律宾	新加坡	泰国	越南
2007	1.046	0.059	1.010	0.074	10.613	0.746	6.848	12.799	10.206	2.041
2008	1.203	0.059	1.005	0.073	10.184	0.678	5.691	12.949	10.211	2.774
2009	1.271	0.059	1.019	0.074	10.403	0.703	5.709	12.949	10.214	2.777
2010	1.083	0.059	1.025	0.074	10.273	0.640	5.929	12.949	10.215	2.780
2011	0.991	0.058	0.993	0.057	10.134	0.691	5.659	9.627	8.472	3.150
2012	1.248	0.059	1.000	0.056	10.126	0.675	5.658	9.628	8.474	3.571
2013	1.239	0.059	1.004	0.056	10.122	0.734	5.677	9.710	8.474	3.518

年份	柬埔寨	文莱	印度尼西亚	老挝	马来西亚	缅甸	菲律宾	新加坡	泰国	越南
2014	1.243	0.059	1.009	0.056	10.083	0.738	5.673	9.747	8.473	3.638
2015	1.246	0.057	1.006	0.057	10.132	0.738	5.655	9.781	8.464	3.509
2016	1.064	0.049	0.987	0.057	10.144	0.765	5.653	8.901	8.456	3.369
2017	1.064	0.047	0.984	0.056	10.144	0.697	5.644	8.901	8.456	3.707
2018	1.059	0.047	0.984	0.057	10.144	0.720	5.638	8.901	8.457	3.719

新加坡在 2011 年之前在该产业的物耗产值率最高，在 2011 年和 2016 年却出现了明显的下降，这说明该产业的成本效益得到提高。其中的原因可能有三点：第一，新加坡相继推出"智能城市 2015"发展蓝图和"智慧国 2025"十年计划，加大对数字经济的投入和支持；第二，2016 年新加坡提出 23 个具体行业的转型措施及发展目标，其中就包含计算机、电子和光学设备产业，并成立未来经济署（Future Economy Council），为产业发展提供了制度上的帮扶；第三，设计搭建 NTP（互联贸易平台），驱动全行业的数字化转型，新加坡对外贸的依赖度较强，数字贸易的进步促进了该产业效率的提高。

马来西亚和泰国的物耗产值率次之，马来西亚较为稳定，而泰国在 2011 年有所下滑，原因可能在于泰国在 2011 年出台了《ICT 发展规划 2020》政策，促进知识性产业的发展。菲律宾和越南的物耗产值率紧随其后，菲律宾比较稳定，而越南呈现略微的上升趋势。柬埔寨、印度尼西亚、缅甸和文莱的物耗产值率较低且波动不大，前三个国家物耗产值率较低的原因可能在于自身是发展中国家，数字经济产业水平不高，而文莱物耗产值率较低的原因可能在于自身是以石油资源为主要经济支柱的国家，石油和天然气产业是文莱的主要经济来源，且文莱本身国家规模较小，数字经济产业发展不突出。老挝在计算机、电子和光学产业的物耗产值率几乎为 0，计算机、电子和光学设备产业发展微弱。

总体而言，东盟大多数国家的电气设备的物耗产值率曲线比较稳定，仅越南一个国家波动较大。如表 4-7 所示，越南在电气设备产业的物耗产值率是东盟十国中最高的但呈明显的"U"型趋势，2008 年下降，2013 年上升。2008 年下降的原因可能在于，越南在 2007 年制定了《2020 年至 2050 年越南国家能源开发计划》，引进了能源多样化和节能技术，促进了可持续方式的能源开发，2008 年完成了电力系统股份制改造，并且在电线电缆等硬件设施的生产中有较大进步，促进了电气设备产业成本效率的提高。而上升的原因可能在于 2013 年各水电站蓄水不足从而导致供电不足，降低了电气设备产业的成本效率。其次为泰国、马来西亚和菲律宾，泰国的电气设备产业物耗产值率趋势较为平稳，而马来西亚和菲律宾的在电气设备产业的物耗产值率呈下降趋势，表明马来西亚和菲律宾在电气设备产业不断发展进步，提了该产业的成本效率。马来西亚电气设备产业的物耗产值率逐年下降可能的原因在于马来西亚政府于 2006 年推出七个战略计划，重点发展半导体领域，提高产业链附加值，鼓励技术领先的跨国公司和当地中小企业合作，2011 年则推出总金额达 4440 亿美元的经济转型计划，包括电子信息产业在内的 12 项国家关键经济领域（National Key Economic Area，NKEA），重点扩展半导体、太阳能、LED、工业电子与家用电器产品四个领域。印度尼西亚、缅甸、柬埔寨、老挝、新加坡和文莱在电气设备产业的物耗产值率较低且比较稳定，印度尼西亚、缅甸、柬埔寨、老挝电气设备产业的物耗产值率较低的原因可能在于他们是较落后的发展中国家，而新加坡电气设备产业的物耗产值率较低的原因可能在于石油、天然气、煤炭等资源严重匮乏，转型较早，以海运转运、金融业为代表的服务业高度发达，因此电气设备产业不突出。

表 4-7 2007～2018 年东盟各国在电气设备产业的物耗产值率

年份	柬埔寨	文莱	印度尼西亚	老挝	马来西亚	缅甸	菲律宾	新加坡	泰国	越南
2007	0.466	0.102	0.687	0.047	1.819	0.599	1.241	0.420	1.597	2.635
2008	0.505	0.102	0.685	0.047	1.316	0.579	1.257	0.424	1.613	1.957
2009	0.527	0.102	0.690	0.047	1.195	0.578	1.255	0.424	1.557	1.959
2010	0.432	0.102	0.694	0.047	1.338	0.518	1.251	0.424	1.558	1.962

续表

年份	柬埔寨	文莱	印度尼西亚	老挝	马来西亚	缅甸	菲律宾	新加坡	泰国	越南
2011	0.460	0.101	0.769	0.037	1.229	0.526	1.250	0.377	1.452	1.948
2012	0.532	0.102	0.776	0.036	1.110	0.537	1.250	0.377	1.428	1.935
2013	0.528	0.103	0.780	0.036	1.109	0.524	1.254	0.381	1.427	2.658
2014	0.530	0.103	0.786	0.041	1.105	0.528	1.253	0.382	1.431	2.657
2015	0.532	0.099	0.784	0.039	1.110	0.527	1.249	0.383	1.476	2.663
2016	0.459	0.090	0.762	0.039	1.111	0.492	1.249	0.421	1.491	2.671
2017	0.459	0.085	0.761	0.039	1.111	0.490	1.247	0.421	1.492	2.639
2018	0.457	0.085	0.761	0.039	1.111	0.506	1.246	0.421	1.473	2.637

二、工资产值率总体趋势

总体而言，大多数国家在计算机、电子和光学设备产业的工资产值率波动不大，少数国家波动性较强。

如表4-8所示，老挝的计算机、电子和光学设备产业的工资产值率在2011年之前是东盟十国中最高的，但是呈明显的下降趋势。可能的原因在于，2011年之前的老挝将资本多投资于计算机、电子和光学设备产业的人力资本方面，但是发展情况未达预期，从而减少资本投入并降低工资水平。其次为泰国、马来西亚、新加坡和菲律宾，这些国家的工资产值率较高且趋势比较稳定，说明计算机、电子和光学设备产业的成本效益较好。越南在该产业的工资产值率呈上升趋势。文莱、缅甸和印度尼西亚计算机、电子和光学设备产业的工资产值率较低且比较稳定。柬埔寨的计算机、电子和光学设备产业的工资产值率在东盟十国中最低，原因可能在于柬埔寨在计算机、电子和光学设备产业方面的基础相对薄弱，缺乏成熟的制造业、技术创新和研发能力，导致产业规模和技术水平相对落后；电子设备产业高度依赖进口；市场规模相对较小。

表4-8　2007~2018年东盟各国在计算机电子和光学设备产业的工资产值率

年份	柬埔寨	文莱	印度尼西亚	老挝	马来西亚	缅甸	菲律宾	新加坡	泰国	越南
2007	225.504	363.415	289.402	1150.000	451.718	285.011	353.305	482.718	654.951	516.167
2008	227.510	411.628	276.376	880.000	459.778	297.601	354.090	484.689	665.271	529.272
2009	233.806	377.143	287.450	800.000	455.543	309.381	351.322	481.182	656.563	538.871
2010	231.020	359.524	306.009	835.714	440.329	330.383	347.654	480.810	690.032	548.696
2011	234.773	363.636	296.758	375.862	541.343	332.783	344.647	501.709	703.883	579.461
2012	230.758	367.241	300.053	369.697	528.141	332.327	341.761	506.868	719.249	629.075
2013	230.523	369.643	301.767	373.684	519.641	321.287	342.294	512.198	716.813	637.217
2014	229.527	349.091	300.184	367.442	483.917	323.699	344.062	510.757	704.203	681.010
2015	230.041	357.500	295.329	518.182	532.519	317.215	345.246	493.980	754.314	729.647
2016	239.345	311.765	286.536	383.333	543.415	325.327	343.880	539.407	662.886	787.710
2017	238.818	320.588	288.283	376.923	543.790	327.596	343.414	540.400	654.789	789.648
2018	238.300	321.053	291.565	375.000	542.840	326.610	346.564	535.121	652.422	793.122

总体而言，大多数国家在计算机、电子和光学设备产业的工资产值率波动不大，仅老挝的波动性较强，如表4-9所示。老挝的电气设备产业的工资产值率在2011年之前是东盟十国中最高的，但是呈明显的下降趋势。可能的原因如前所述，投入数字经济发展，但是，设备投入不如人力投入强度大，缺少具体产业支撑的人才投入是不可持续的。因此，产业基础是数字经济大发展的必要条件，单纯的人才引进或者人才激励并不能保障产业的持续发展。其次为马来西亚、新加坡和泰国，这三个国家的电气设备产业的工资产值率较高且趋势比较稳定。缅甸的工资产值率比较稳定，而越南的工资产值率呈上升趋势，说明越南在不断提高该产业的工资水平从而吸引高新技术人才，实现产业进步和发展。菲律宾、印度尼西亚和柬埔寨的工资产值率较低且比较稳定，尤其是柬埔寨的电气设备的工资产值率在东盟十国中是最低的。

表 4-9　2007~2018 年东盟各国在电气设备产业的工资产值率

年份	柬埔寨	文莱	印度尼西亚	老挝	马来西亚	缅甸	菲律宾	新加坡	泰国	越南
2007	243.706	281.522	268.259	1100.000	610.440	310.756	292.659	559.746	500.500	337.710
2008	242.175	292.381	257.243	1120.000	621.448	322.899	293.134	561.717	507.565	340.124
2009	249.219	285.000	266.657	1016.667	619.394	335.726	292.453	560.583	505.637	341.422
2010	250.000	281.720	283.764	937.500	594.454	355.165	291.604	558.013	520.859	338.535
2011	255.309	286.777	267.830	411.765	564.885	360.535	291.595	546.063	510.156	336.810
2012	247.081	290.551	270.799	390.000	550.180	365.327	292.557	554.418	519.610	347.840
2013	246.678	289.516	272.255	568.750	541.174	358.862	292.664	577.542	516.968	362.171
2014	245.570	282.203	271.710	393.103	503.467	363.060	293.504	554.930	506.143	386.467
2015	246.696	281.818	267.430	453.846	555.307	355.177	294.705	538.182	528.830	417.704
2016	257.280	262.162	258.351	387.879	565.737	357.504	293.674	566.228	475.577	446.442
2017	256.792	264.000	259.605	402.941	565.728	360.323	293.357	572.708	467.556	445.426
2018	255.948	266.265	262.173	400.000	564.621	358.904	295.263	564.696	466.809	445.056

三、物耗利税率总体趋势

总体而言，部分国家如泰国、越南、新加坡和菲律宾，在计算机、电子和光学设备产业的物耗利税率较高且曲线波动较大，其他东盟国家较低且曲线波动较小，如表 4-10 所示。

表 4-10　2007~2018 年东盟各国在计算机、电子和光学设备产业的物耗利税率

年份	柬埔寨	文莱	印度尼西亚	老挝	马来西亚	缅甸	菲律宾	新加坡	泰国	越南
2007	0.014	-0.002	0.015	0.005	0.009	0.010	0.215	0.142	0.180	0.050
2008	0.014	-0.003	0.014	0.004	0.009	0.009	0.172	0.124	0.159	0.074
2009	0.019	-0.002	0.009	0.003	0.010	0.010	0.162	0.105	0.172	0.083
2010	0.013	-0.001	0.007	0.003	0.009	0.009	0.151	0.114	0.211	0.092
2011	0.012	-0.001	0.005	0.002	0.011	0.009	0.126	0.078	0.175	0.137
2012	0.014	-0.001	0.005	0.001	0.011	0.009	0.112	0.075	0.191	0.178
2013	0.014	-0.001	0.006	0.002	0.011	0.010	0.115	0.086	0.201	0.152
2014	0.014	-0.001	0.006	0.001	0.013	0.009	0.123	0.087	0.201	0.152

续表

年份	柬埔寨	文莱	印度尼西亚	老挝	马来西亚	缅甸	菲律宾	新加坡	泰国	越南
2015	0.015	-0.001	0.008	0.003	0.021	0.010	0.128	0.106	0.329	0.139
2016	0.012	0.000	0.009	0.002	0.018	0.009	0.122	0.107	0.230	0.127
2017	0.013	0.000	0.009	0.002	0.020	0.008	0.120	0.110	0.227	0.143
2018	0.014	0.000	0.010	0.002	0.016	0.009	0.134	0.094	0.222	0.145

泰国、越南、新加坡和菲律宾在该产业的物耗利税率较高且波动较大，其中泰国的物耗利税率最高且呈略微的上升趋势，越南的物耗利税率也呈明显的上升趋势，而菲律宾和新加坡的曲线呈略微的下降趋势。新加坡物耗利税率的原因可能在于自身为发达国家，国民经济总产值的发展快于该产业的发展。马来西亚、柬埔寨、缅甸、老挝、印度尼西亚和文莱在该产业的物耗利税率较低，柬埔寨、缅甸、老挝与文莱是因为数字产业本身的规模小，物耗低，所以物耗利税率接近为零，马来西亚和印度尼西亚两个国家的物耗产值率相对不错，物耗利税率为零是因为享受到了减税免税优惠政策。

总体而言，部分国家如泰国、越南和菲律宾，在电气设备产业的物耗利税率较高且曲线波动较大，其他东盟国家较低且曲线波动较小，如表4-11所示。泰国、越南和菲律宾的电气设备产业的物耗利税率较高，泰国电气设备产业物耗利税率的变化曲线呈略微上升的趋势，越南的曲线呈"U"型趋势，先下降后上升，可能的原因在于2013年后电气设备产业在越南的盈利比重增加，经济效益越来越好。菲律宾的物耗利税率曲线比较稳定。印度尼西亚、缅甸、柬埔寨、新加坡、老挝、马来西亚和文莱的值比较低且接近于0。

表4-11 2007~2018年东盟各国在电气设备产业的物耗利税率

年份	柬埔寨	文莱	印度尼西亚	老挝	马来西亚	缅甸	菲律宾	新加坡	泰国	越南
2007	0.005	-0.001	0.009	0.003	0.003	0.008	0.024	0.005	0.041	0.046
2008	0.004	-0.002	0.008	0.003	0.002	0.007	0.022	0.004	0.037	0.031

年份	柬埔寨	文莱	印度尼西亚	老挝	马来西亚	缅甸	菲律宾	新加坡	泰国	越南
2009	0.007	-0.001	0.005	0.002	0.003	0.008	0.022	0.004	0.041	0.033
2010	0.006	-0.001	0.004	0.002	0.002	0.006	0.021	0.004	0.043	0.027
2011	0.006	-0.001	0.003	0.001	0.002	0.006	0.019	0.004	0.040	0.026
2012	0.006	-0.001	0.004	0.001	0.002	0.007	0.021	0.004	0.042	0.024
2013	0.006	-0.001	0.004	0.001	0.002	0.006	0.021	0.007	0.044	0.030
2014	0.006	-0.001	0.004	0.001	0.002	0.006	0.022	0.004	0.043	0.032
2015	0.007	-0.001	0.006	0.002	0.003	0.007	0.024	0.005	0.068	0.038
2016	0.005	-0.001	0.006	0.001	0.002	0.005	0.022	0.007	0.051	0.033
2017	0.006	0.000	0.006	0.001	0.002	0.005	0.022	0.008	0.049	0.033
2018	0.006	-0.001	0.006	0.001	0.002	0.006	0.025	0.007	0.047	0.033

四、工资利税率总体趋势

总体而言，大部分国家在计算机、电子和光学设备产业的工资利税率曲线波动不大，仅老挝和越南的曲线波动性较大。

如表4-12所示，老挝的计算机、电子和光学设备产业的工资利税率在2011年之前是最高的，2011年之后呈明显的下降趋势。越南的物耗利税率曲线呈现上升趋势，表明该产业的员工工资稳定增长，从而可以促进产业发展。泰国的工资利税率呈现略微的上升趋势，菲律宾、新加坡、缅甸、马来西亚、印度尼西亚、柬埔寨和文莱的工资利税率比较低。

表4-12 2007~2018年东盟各国在计算机、电子和光学设备产业的工资利税率

年份	柬埔寨	文莱	印度尼西亚	老挝	马来西亚	缅甸	菲律宾	新加坡	泰国	越南
2007	3.026	-9.756	4.222	83.333	0.399	3.854	11.092	5.368	11.520	12.762
2008	2.720	-23.256	3.795	50.000	0.393	3.970	10.710	4.660	10.357	14.183
2009	3.441	-11.429	2.480	33.333	0.434	4.315	9.954	3.903	11.079	16.178
2010	2.820	-7.143	2.149	35.714	0.397	4.510	8.882	4.222	14.225	18.235
2011	2.845	-7.273	1.518	10.345	0.563	4.356	7.669	4.046	14.539	25.153

续表

年份	柬埔寨	文莱	印度尼西亚	老挝	马来西亚	缅甸	菲律宾	新加坡	泰国	越南
2012	2.626	-6.897	1.601	9.091	0.587	4.364	6.755	3.940	16.175	31.329
2013	2.648	-7.143	1.895	10.526	0.589	4.175	6.951	4.525	17.008	27.607
2014	2.524	-3.636	1.844	9.302	0.643	4.074	7.479	4.546	16.704	28.413
2015	2.747	-5.000	2.345	24.242	1.110	4.249	7.838	5.348	29.333	28.898
2016	2.760	-2.941	2.484	12.500	0.984	3.842	7.449	6.469	18.014	29.757
2017	2.839	-2.941	2.681	11.538	1.053	3.704	7.282	6.665	17.547	30.385
2018	3.043	-2.941	2.934	10.714	0.877	4.159	8.248	5.623	17.114	30.989

总体而言，大部分国家在电气设备产业的工资利税率曲线比较平稳，仅老挝的工资利税率曲线波动性较大。如表4-13所示，老挝的电气设备产业的工资利税率在2011年之前是最高的，在2011年之后呈明显的下降趋势。泰国的工资利税率较高且趋势总体比较平稳。越南、菲律宾、新加坡、缅甸、马来西亚、印度尼西亚、柬埔寨和文莱在电气设备产业的工资利税率较低且曲线比较平稳。

表4-13　2007~2018年东盟各国在电气设备产业的工资利税率

年份	柬埔寨	文莱	印度尼西亚	老挝	马来西亚	缅甸	菲律宾	新加坡	泰国	越南
2007	2.448	-3.261	3.392	75.000	1.116	3.924	5.578	6.460	12.930	5.907
2008	2.122	-6.667	3.100	60.000	1.139	3.992	5.155	5.670	11.573	5.330
2009	3.385	-3.750	2.074	50.000	1.779	4.455	5.017	5.472	13.350	5.665
2010	3.235	-3.226	1.786	37.500	1.021	4.416	4.786	5.377	14.258	4.710
2011	3.210	-4.132	1.191	11.765	1.002	4.385	4.516	6.063	13.977	4.421
2012	2.825	-3.150	1.247	10.000	0.881	4.422	4.849	6.477	15.240	4.238
2013	2.797	-3.226	1.458	18.750	0.838	4.244	4.914	10.374	15.866	4.109
2014	2.690	-2.542	1.413	10.345	0.814	4.198	5.196	6.377	15.168	4.604
2015	3.084	-2.273	1.921	26.923	1.507	4.667	5.611	7.505	24.474	5.921
2016	3.040	-2.703	1.977	9.091	1.204	3.788	5.279	9.066	16.253	5.563
2017	3.179	-1.333	1.933	11.765	1.202	3.749	5.147	10.311	15.240	5.572
2018	3.268	-1.333	2.047	11.111	1.004	4.250	5.811	8.768	15.049	5.511

五、物耗净产值率总体趋势

总体而言，大部分国家在计算机、电子和光学设备产业的物耗净产值率曲线波动较大，仅印度尼西亚、缅甸和老挝的物耗净产值率较低且曲线较平稳，如表 4-14 所示。

表 4-14　2007~2018 年东盟各国在计算机、电子和光学设备产业的
物耗净产值率

年份	柬埔寨	文莱	印度尼西亚	老挝	马来西亚	缅甸	菲律宾	新加坡	泰国	越南
2007	0.478	0.015	0.364	0.012	2.359	0.272	2.153	2.794	1.738	0.446
2008	0.543	0.011	0.377	0.013	2.224	0.237	1.779	2.796	1.694	0.598
2009	0.563	0.014	0.363	0.012	2.294	0.237	1.787	2.796	1.728	0.599
2010	0.482	0.015	0.342	0.012	2.342	0.202	1.857	2.807	1.691	0.599
2011	0.434	0.015	0.340	0.017	1.882	0.217	1.768	1.997	1.379	0.680
2012	0.555	0.015	0.339	0.017	1.928	0.212	1.767	1.974	1.369	0.745
2013	0.552	0.015	0.339	0.017	1.959	0.238	1.774	1.982	1.383	0.704
2014	0.555	0.016	0.342	0.017	2.097	0.237	1.772	1.995	1.404	0.686
2015	0.556	0.015	0.348	0.014	1.924	0.242	1.766	2.086	1.451	0.620
2016	0.457	0.015	0.353	0.017	1.885	0.244	1.766	1.757	1.505	0.555
2017	0.458	0.014	0.350	0.017	1.885	0.221	1.763	1.757	1.518	0.612
2018	0.458	0.014	0.347	0.017	1.885	0.230	1.761	1.757	1.518	0.614

新加坡、马来西亚、菲律宾和泰国的物耗净产值率较高，表明这些国家在该产业为健康良性发展，经济效益较高。其中新加坡的物耗净产值率在 2012 年之前是最高的，但在此之后呈明显下降趋势，数字产业发展的质量有所下降，马来西亚也呈现出类似特征。菲律宾和泰国的物耗净产值率曲线先下降再趋于平稳。越南、柬埔寨、印度尼西亚、缅甸和老挝的计算机、电子和光学设备产业的物耗净产值较低，其中越南和

柬埔寨的波动较另外三国较大，而老挝是最低的几乎为0，表明在这些国家中主要支撑数字经济发展的计算机、电子和光学设备产业发展的不足。

总体而言，大部分国家在电气设备产业的物耗净产值率曲线波动不大，仅越南的曲线波动性较大，如表4-15所示。越南的电气设备产业的物耗净产值率是东盟十国中最高的，呈现先下降后上升再下降的趋势，表明越南在2013年后该产业的经济效益稳步提高，不断进步。其次为菲律宾、泰国和印度尼西亚，物耗净产值率曲线比较平稳，马来西亚、柬埔寨和缅甸的曲线波动也不大。新加坡、文莱和老挝的电气设备产业的物耗净产值率较低，主要原因是新加坡电气设备产业发展规模小，文莱和老挝也是如此。

表4-15　2007~2018年东盟各国在电气设备产业的物耗净产值率

年份	柬埔寨	文莱	印度尼西亚	老挝	马来西亚	缅甸	菲律宾	新加坡	泰国	越南
2007	0.196	0.035	0.265	0.008	0.301	0.200	0.448	0.080	0.360	0.826
2008	0.213	0.033	0.274	0.007	0.214	0.187	0.451	0.080	0.354	0.606
2009	0.219	0.034	0.264	0.007	0.196	0.180	0.451	0.080	0.349	0.606
2010	0.179	0.035	0.249	0.007	0.227	0.152	0.449	0.080	0.342	0.607
2011	0.186	0.034	0.290	0.010	0.220	0.152	0.448	0.073	0.324	0.604
2012	0.222	0.034	0.290	0.010	0.203	0.154	0.448	0.072	0.317	0.580
2013	0.220	0.034	0.291	0.008	0.207	0.152	0.450	0.073	0.320	0.764
2014	0.222	0.035	0.293	0.011	0.221	0.151	0.449	0.073	0.326	0.719
2015	0.222	0.034	0.299	0.011	0.203	0.155	0.448	0.077	0.347	0.675
2016	0.184	0.033	0.301	0.011	0.199	0.143	0.448	0.081	0.364	0.632
2017	0.184	0.032	0.299	0.011	0.199	0.141	0.447	0.081	0.368	0.625
2018	0.184	0.031	0.296	0.011	0.199	0.147	0.446	0.081	0.363	0.625

第四节　结论与启示

一、研究结论

（一）东盟各国数字经济发展的产业内部关联强、关联效应较短但具有较强的经济促进效果

研究发现，大部分东盟国家的计算机、电子和光学设备与自身和批发零售贸易、机动车辆修理产业的直接后向关联效应最强，但有明显的下降趋势。数字经济内部关联性强表明，数字经济产业发展具有较强的内生动力。同时，数字经济不同于传统经济，产业直接消耗系数较少，且链条较短，因此，数字经济的发展需要强化的是关联性强的产业。另外，东盟各国计算机、电子和光学设备产业的生产对其他产业所产生的波及影响程度超过社会平均影响水平，对国民经济其他部门具有较强的推动作用，表明数字经济对推动东盟各国经济发展具有积极的作用，是经济发展的产业增长极。但是，东盟各国信息和通信技术基础设施不完善且分散，缺乏互联互通，导致数字经济发展和传统经济数字化转型进程缓慢。

（二）数字经济发展水平不均衡

东盟各国数字经济发展的水平是不均衡的，主要表现在总量规模的不平衡和产业关联的不平衡，在数字经济发展阶段、产业协同和制度背景等方面具有较大的多样性。新加坡、马来西亚、菲律宾数字经济保持较快且稳定的发展速度，这些国家的信息技术外向竞争力在东南亚处于领先优势。泰国、越南和印度尼西亚数字技术发展水平处于中游水平，但发展潜力较大。相反，文莱、老挝、柬埔寨和缅甸的数字经济发展规模小而且不稳定，产业物质关联呈现出波动性很强的特征，基础弱，竞争力低，数字经济产业产品出口、数字经济产业服务出口以及高科技产品出口乏力的基本特征。

（三）部分国家效益稳步提升但国别差异明显

东盟各国数字经济效益存在较大的地区差异。新加坡、马来西亚与菲律宾的计算机、电子和光学设备产业和电气设备产业经济效益稳步提升，工资产值率和物耗利税率处于东盟国家中较高的水平，但工资利税率较低，税收占比不大。泰国、越南和印度尼西亚的计算机、电子和光学设备产业和电气设备产业的经济效益处于东盟国家的中游，泰国和越南在数字经济中的工资产值率、物耗利税率和工资利税率表现较好，但印度尼西亚在数字经济中的工资产值率、物耗利税率和工资利税率的表现不尽如人意。而文莱、缅甸、老挝、柬埔寨和缅甸，可能因过度依赖自然资源而缺乏发展其他产业的动力，或因数字经济基础设施薄弱而难以推动计算机、电子和光学设备产业以及电气设备产业的发展，导致这些领域的经济效益不高。工资产值率和工资利税额表现欠佳，表明东盟各国数字经济发展的人力资源激励有待提高。人力资源特别是信息技术方面的人才是数字化转型竞争的关键因素，决定数字经济发展速度。然而，人力资源短缺和质量得不到保证、相关数字技术人才达不到数字化转型的要求，仍然是东盟发展中国家面临的巨大挑战。

二、对策启示

一是要因地制宜、分类合作。因为东盟数字经济的差异性，东盟数字经济的发展具有国家多样性特征。中国东盟数字经济合作需要因地制宜，分类合作。数字经济发展较快的新加坡、马来西亚、菲律宾在数字经济的基础产业方面具有一定优势，电子商务发展迅速，可以强化电子商务合作，共同做大市场。而柬埔寨、缅甸、老挝发展水平较低，中国可以加强与这些国家的信息基础设施共建或者联通。

二是围绕产业关联与数字产业链链接，实现价值链增值。各国的数字产业的物耗都在不同程度的下降，数字产业的关联比较短，建议推出跨国数字产业链建设，通过国际分工合作来提高产业链的链接和质量的提升。同时，应该加强研发合作，提高创新在数字经济发展中的核心驱动作用，并且共同投资信息基础设施平台，降低数字经济运营的成本，提高产业链的价值水平。

三是要加强数字信息联通。鉴于东盟的数字经济规则尚未统一，东盟战略规划纲要及其目标具有弹性，中国—东盟数字经济发展需要强化数字经济发展的规则的统一、战略兼容、政策联通，尤其是数据交换规则、信息沟通机制等方面的政策研究。

第五章 中国—东盟数字产业 合作基础

在全球数字化浪潮的推动下，中国和东盟国家均意识到数字经济发展的重要性，并加快了数字产业合作的步伐，在战略规划与政策、数字基础设施以及人力资源与数字技术等方面建立了一定的基础，为双方实现互利共赢、共同繁荣提供了坚实的保障。本章将围绕中国—东盟数字产业合作的基础及其现状展开分析，旨在探讨这些合作基础对于推动数字经济发展、促进两地区经济融合的重要作用，以期为进一步加强合作提供指导和借鉴。

第一节　战略规划与政策保障

随着全球数字化进程的加速，东盟地区也在逐步发展数字产业。2021年1月22日东盟数字部长系列会议宣布启动《东盟数字总体规划2025》，在此基础上，中国与东盟也围绕数字基础设施、数字人力资源等相关领域展开了深入的合作与交流，签署了《中国—东盟战略伙伴关系2030年愿景》《中国—东盟关于建立数字经济合作伙伴关系的倡议》等系列相关文件，达成了多项重要共识。

一、中国—东盟数字经济合作相关政策

数字经济是亚太乃至全球未来发展的重要方向。2018年第21次中国—东盟领导人会议通过了《中国—东盟战略伙伴关系2030年愿景》，该文件对数字经济发展与合作给予了高度的关注，并支持双方建立"东盟智慧城市网络"，双方共同探讨新科技，数字和技术创新带来的机遇，应对新技术对经济发展潜在的共同挑战。

2020年11月12日，第23次中国—东盟（10＋1）领导人会议发布《中国—东盟关于建立数字经济合作伙伴关系的倡议》，双方将抓住数字机遇，打造互信互利、包容、创新、共赢的数字经济合作伙伴关系，加强在数字技术防疫抗疫、数字基础设施、产业数字化转型、智慧城市、网络空间和网络安全等领域的合作。倡议内容主要包括以下六个方面：一是深化数字技术在公共卫生事件中的应用；二是加强数字基础设施合作；三是支持数字素养、创业创新和产业数字化转型；四是推动智慧城市创新发展；五是深化网络空间合作；六是推进网络安全务实合作。这些文件表明中国同东盟各国致力于在数字经济、5G应用、数字转型、技术创新、网络安全、人工智能等领域展开深入合作，推动双方人员来往交流，促进新型技术推广，提升中国与东盟合作的质量和影响力。同年，中国—东盟双方开展近20场交流合作活动，发布了包括《中国—东盟数字经济合作白皮书》《中国—东盟数字经济国际合作指标体系与创新合作机制研究》等研究成果。

2021年，中国商务部联合网信办和工业信息化部印发了《数字经济对外投资合作工作指引》，该文件重点涉及了全球数字经济产业链，数字基础设施建设，传统产业的数字化转型，具有国际竞争力的数字经济企业，数字经济的国际化监管、服务和标准制定。同年，第24次中国—东盟领导人会议发表了《中国—东盟关于合作支持〈东盟全面经济复苏框架〉的联合声明》，着重强调了加强电子商务和数字经济合作的内容，为增进中国—东盟友好关系和数字经济合作发展提供了更强有力的保障。

2022 年，第 25 次中国—东盟领导人会议中所发表的《中国—东盟全面战略伙伴关系行动计划（2022-2025）》指出，探讨《东盟数字总体规划 2025》与《中国—东盟关于建立数字经济合作伙伴关系的倡议》及其行动计划对接，加强在数字经济、数字普惠、智慧城市建设、人工智能、电子商务、大数据、5G 应用、数字转型、网络和数据安全等领域开展合作，迎接第四次工业革命。

2023 年，《中国—东盟关于加强电子商务合作的倡议》发布（见表 5-1），旨在推动更加密切的企业合作，探索加强双方主要电商平台合作，开展符合双方利益的电商促消费活动，包括举办东盟国家电商促销活动专场，扩大东盟国家优质特色商品在华知名度和影响力，并在双方大型电商平台设立国家馆、特色产品馆，拓展东盟国家产品在华销售渠道，鼓励双方企业积极参加电子商务相关的博览会、展销会、研讨会和其他双方均认可的活动，在东亚合作领导人系列会议中，中方倡议于 2024 年举办"10+3"产业链供应链对接大会，从而建设稳定、畅通和基于比较优势的区域产业链供链体系。

表 5-1　中国—东盟数字经济合作相关文件与条款

序号	签订时间	签署对象	标题	相关条款
1	2017 年 5 月	中国、越南	《中国商务部和越南工业贸易部关于电子商务合作的谅解备忘录》	确定双方将通过电子商务提升两国贸易便利化程度和水平
2	2017 年 11 月	中国、柬埔寨	《中国商务部和柬埔寨商业部关于电子商务合作的谅解备忘录》	通过加强电子商务合作，共同提高贸易便利化程度和合作水平，进一步推动双边贸易持续稳定发展
3	2018 年 5 月	中国、印度尼西亚	《中国政府和印度尼西亚政府联合声明》	支持电子商务和互联网经济等新兴领域合作
4	2018 年 8 月	中国、马来西亚	《中国政府和马来西亚政府联合声明》	积极拓展电子商务、互联网经济以及科技、创新等领域合作，并将启动商讨双边跨境电子商务合作谅解备忘录
5	2018 年 11 月	中国、新加坡	《自由贸易升级协定书》	将电子商务作为新增领域

续表

序号	签订时间	签署对象	标题	相关条款
6	2018 年 11 月	中国—东盟	《中国—东盟战略伙伴关系 2030 年愿景》	抓住数字经济和技术创新机遇，应对潜在的新技术挑战，在电信、电子商务和智慧城市发展等领域实现创新驱动发展
7	2020 年 11 月	中国—东盟	《中国—东盟关于建立数字经济合作伙伴关系的倡议》	深化数字技术在公共卫生事件中的应用、加强数字基础设施合作、支持数字素养、创业创新和产业数字化转型、推动智慧城市创新发展、深化网络空间合作、推进网络安全务实合作
8	2021 年 11 月	中国—东盟	《中国—东盟全面战略伙伴关系行动计划（2022 - 2025）》	加强数字经济、数字治理等方面的信息交流与合作，继续支持中国—东盟网络对话；鼓励和支持数字化转型和绿色发展领域交流与合作
9	2022 年 11 月	中国—东盟	《关于加强中国—东盟共同的可持续发展联合声明》	落实中国东盟数字经济合作年成果，进一步加强双方在电子商务、智慧城市、人工智能、中小微企业、数字技术与应用领域人力资本开发、数字转型和网络安全等领域合作，发展数字经济
10	2023 年 9 月	中国—东盟	《中国—东盟关于加强电子商务合作的倡议》	进一步加强沟通和交流，深化在电子商务领域的务实合作

二、东盟内部国家数字产业发展相关战略与政策

目前，东盟各国已经将数字产业列为未来发展的重点领域，相继出台了相关战略规划（见表 5-2），并针对信息技术服务业、电子信息制造业等行业出台了具体的发展政策。

表5-2　东盟各国数字发展战略

国家	战略或政策	内容
印度尼西亚	2021-2024 年印度尼西亚数字路线图	提出数字化转型四个战略领域即数字基础设施、数字政府、数字经济和数字社会，确立了十大重点领域和六个战略方向，其中将建设包容、安全、可靠和提供高质量服务的数字化互联互通基础设施作为重中之重
马来西亚	国家光纤化和连接计划（NFCP）	将与私营部门合作投资 280 亿林吉特以加强数字基础设施建设，拨款 216 亿林吉特
泰国	"数字泰国" 发展计划	提出四个阶段数字化转型的发展目标和战略领域，即建设数字化基础设施、步入数字经济和社会、全面实现数字化、利用数字技术迈向发达国家，成立了国家 5G 网络发展委员会，制定国家 5G 网络建设蓝图和三期规划，提出东部经济走廊（EEC）和政府要建成智慧城市的目标，计划到 2027 年全国实现 5G 网络全覆盖
越南	《至 2025 年国家数字化转型计划及 2030 年发展方向》	将数字基础设施作为国家数字转型的关键。该计划提出加强宽带基础设施建设，升级 4G 网络，推出 5G 网络，扩展国内互联网连接，发展物联网基础设施，到 2025 年光纤网络基础设施覆盖全国 80% 以上家庭和 100% 社区
新加坡	"智慧国家" 2025（iN2025）十年发展计划	重点在于信息的整合以及在此基础上的执行，使政府的政策更具备前瞻性，除了通过技术来收集信息，更关键在于利用这些信息来更好地服务人民。政府将构建 "智慧国平台"，建设覆盖全岛数据收集、连接和分析的基础设施与操作系统，根据所获数据预测公民需求，提供更好的公共服务。预先根据交通情况预测塞车路段、利用 "电眼" 来观察环境的清洁、使用无人驾驶车辆提供短程载送服务等
老挝	《2021—2025 国家数字经济发展计划》	培养数字人才，加强数字基础设施建设，加快数字产业化，建立数字政府，加强数字创新
柬埔寨	《柬埔寨数字经济和社会政策框架（2021-2035 年）》	在网络犯罪、数据保护、电子商务等方面制定政策措施
文莱	《国家数字战略（2016-2020）》	推动数字经济发展，打造数字政府，制订宽带计划

（一）东盟软件与信息技术服务业发展政策

东盟地区在软件与信息技术服务业方面的发展政策，是在推进区域经济一体化的背景下逐渐完善的。各国政府都逐渐意识到发展软件与信息技术服务业是推动经济转型和升级的重要途径。

首先，政府的支持和投入是软件与信息技术服务业得以快速发展的关键。东盟的成员国纷纷推出相关政策，通过建立创新型企业孵化器、提供优质人才培养、鼓励并投资本土机构和企业等途径，在软件与信息技术服务业方面提供有力支持。比如马来西亚政府推介数码计划及数码经济大蓝图，加大对数字经济相关产业的投资；新加坡的"智慧国家"计划则注重数字化基础设施建设，加速推动国家的数字转型。

其次，制定与更新法律政策和规范，是确保软件与信息技术服务业合法、稳健发展的保障。东盟成员国纷纷采取多种方法和手段，规范信息科技行业的参与者行为。例如，泰国颁布了《计算机犯罪法》，强化对计算机犯罪行为的打击力度，还出台了《个人数据保护法》，以保障个人数据和隐私的安全。此外，东盟成员国数字部长于2021年1月批准了《东盟数据管理框架》（DMF）和《东盟跨境数据流示范合同条款》（MCCs），从整体上提升了东盟的网络安全和数据保护水平，与其他地区在网络安全与数据保护方面也实现了接轨。

最后，东盟各国均通过合作协议和政策建立了稳定和开放的数字连接及流通的环境，促进软件与信息技术服务业的开放合作。其中，自由贸易协定是一种重要的合作方式。例如，2010年建成的中国—东盟自贸区，促进了中国与东盟之间的贸易与投资联系，增强了区域内数字经济的流动和互联。2022年1月1日《区域全面经济伙伴关系协议》（RCEP）正式生效，标志着全球人口最多、经贸规模最大、最具发展潜力的自由贸易区正式落地，为亚太区域乃至全球贸易投资增长、经济复苏和繁荣发展做出重要贡献。

总的来说，东盟地区在软件与信息技术服务业方面的发展得到了各国政府的积极支持和投入，并对业界参与者的行为做出了合理规范，同时建立了健全的数字连接和流通环境，这些都是激励东盟地区未来软件与信息技术服务业的持续发展的基石。

（二）东盟互联网和相关服务业发展政策

东盟地区作为互联网和数字经济正快速发展的地区之一，采取了一系列措施来促进互联网和相关服务业的发展。东盟制订了"数字化东盟"计划，致力于将东盟打造成为一个数字化和创新发展的地区，提高数字经济的比重和贡献率。计划强调了通过强化政策、法规和标准化制度，促进数字化市场的发展和数字化技术的应用。东盟成员国也相继采取了一些措施来推进数字化和互联网服务行业的发展，例如，印度尼西亚公布了《2023-2045年印度尼西亚数字产业发展总体规划》，以支持该国的数字化转型，并加大对于数据中心和云计算等领域的投资；马来西亚政府推出十年经济蓝图——"数字马来西亚"，旨在将该国打造成为一个数字化和高科技国家。

（三）东盟电信业发展政策

东盟在电信业的关键目标之一是要促进数字化转型和推动5G技术应用。具体的政策和战略规划包括以下两个方面：

一是东盟致力于推进数字化转型，在2021年1月，东盟通过了在首届东盟数字部长会议上发布的《东盟数字总体规划2025》（ADM）来强调数字化的重要性，该文件提出了推动数字化转型的五个重点领域，即可持续基础措施、数字创新、无缝物流、卓越监管和人员流动。东盟地区各国还通过出台相应的法规和政策，鼓励并支持数字技术的跨部门应用和创新，推进数字化转型。

二是在5G技术的部署及应用领域，马来西亚、文莱和新加坡等国家推出了5G网络商用服务，并计划在未来几年内继续扩大其覆盖范围。泰国政府也与中国华为、瑞典爱立信和芬兰诺基亚等公司合作，来带动泰国数字产业的发展，提出2023～2027年5G促进项目计划，其目标是到2027年5G网络覆盖98%的人口。

（四）东盟电子信息制造业发展政策

东盟地区在电子信息制造业方面拥有巨大的发展潜力，东盟各国政府为提高该地区电子信息制造业的国际竞争力和附加值出台了许多政策。

一是东盟国家积极推动聚类发展，通过协同合作，加强产业链的衔接和协同创新。各国政府鼓励本土企业发挥优势，在成本、规模、技术、质量等方面进一步提升效能，加强多元化产品研发，并向下游厂商提供更好的软件和硬件支持。例如，新加坡在半导体产业上已经形成了一套完整且成熟的全球产业链，成为国际巨头投资建厂的首选目的地，而马来西亚则专注于展示技术和工厂。此外，为消除市场垄断和加强竞争，不少国家推出了准入制度和政策，促使境内外不同类型的企业在该行业内实现协同合作。

二是东盟国家鼓励技术创新和人才培养，提高电子信息产品和服务的技术含量和附加值。为此，不同国家先后制定出了多项政策，例如，泰国推进"泰国4.0战略"、越南推出《至2030年科技与创新发展战略》等促进技术创新发展的重大政策，加强原始技术的应用，加速推动半导体、集成电路领域的产业化。各国政府加大对电子信息制造业的人才培养和设施建设的投入，鼓励和吸引跨国公司对国内开展高端产业的研发投入，同时通过有效的知识产权保护制度和多重合作机制促进业务的拓展。

三是东盟各国政府强化区域经济一体化，推动贸易和投资自由化、便利化，为电子信息制造业的发展提供更好更开放的环境。例如，东盟地区自贸区协定的全面实施，大幅度降低了在东盟内部的贸易壁垒，促进了各国经济的互利合作。除此之外，东盟国家还充分利用中国、日本、韩国等国家经济实力，积极借鉴其经验和模式，推动全球经济牵引力的提升，在实现共赢的基础上，实现电子信息制造业的平衡发展。

总之，东盟各国已经加强了数字产业的相关政策和战略规划，并认识到了数字产业在未来发展中的重要性。东盟国家积极推动数字产业发展，为吸引足够的数字产业投资，各国制定了一系列税收优惠、减免、创新支持、技术培训等诸多政策措施，以此保障数字产业的可持续发展。此外，东盟国家还在不断完善相关立法，加强知识产权保护，并简化办事流程以降低营商成本，吸引更多国内外企业参与数字产业的发展。各国积极开展合作加强区域数字产业的交流和融合，在处理数字化投资、知识产权等问题上开展紧密合作，通过数字技术开展经贸、技术和人文交流，推动东盟数字产业的发展和实现共同繁荣。东盟的种种措施可以让我们看得东盟数字产业的快速发展将为东盟地区和全球经济提供新的增长动力。

第二节 数字基础设施

设施联通是数字经济合作的基础。早在 2010 年 10 月，东盟就公布了《东盟互联互通总体规划 2010》，提出实施的区域互联互通战略包括基础设施互联互通、机制互联互通和民间互联互通三大领域。2016 年 9 月，东盟又出台了《东盟互联互通总体规划 2025》，提出可持续基础设施、数字创新、无缝衔接的物流、良好的规章制度、人员往来五大战略目标，其中将基础设施、数字创新作为最重要的两大优先战略领域。所谓数字基础设施，是指以数字经济为特征的新一代信息基础设施建设，涵盖 5G 互联网、数据中心、人工智能、工业互联网等数字化基础设施及其配套设施，也包括通过数字化和智能化改造的传统基础设施。近年来，东盟国家数字基础设施建设推动了数字经济的快速发展，成为拉动国内经济增长的新引擎，但对外资的依赖非常突出，中资企业成为东盟国家数字基础设施的重要投资者。

一、东盟投资总量和所有制结构

由于数字基础设施是以数字技术为主要应用的新型基础设施，涵盖 5G 互联网、数据中心、人工智能、工业互联网等领域，具有科技含量高、资金投入大、建设周期长、技术更新快、投资风险高等特点。一般来说，在数字基础设施建设的初期，大多以政府部门的投入为主，私人部门参与相对较少。随着技术开发相对成熟、应用场景相对明确，私人部门的投入才会逐渐扩大。

长期以来，东盟国家基础设施投资相对不足，虽然许多国家认同将基础设施的政府支出设定为占 GDP 总量的 5%，但不少国家远未达到这一指标，甚至仅占 GDP 总量的 1%～2%。在数字化转型的起步阶段，东盟国家政府承担了数字基础设施建设的主要职能，许多国家制定数字基础设施的规划，加大数字基础设施项目的投入，提高了基础设施的政府支出比重。2020～2024 年，印度尼西亚的基础设施投资预计为 6445 万亿盾，其中政府承担 2385 万亿盾（占比为 37%），国有企业承担 1353 万亿盾（占比为 21%），私人部门承担 2706 万亿盾（占比为 42%）；马来西亚出台了数字计划和数字经济蓝图，提出到 2025 年吸引 700 亿林吉特的国内外数码领域投资；2017 年，菲律宾推出"大建特建"的基础设施建设计划，六年间投资 8.4 万亿比索，政府的目标是将公共基础设施支出占 GDP 的比重从 2012 年的 2% 提高到 2017 年的 5.3%，到 2022 年升至 7.4%。

所有制方面，东盟国家国有信息通信运营商在数字基础设施建设中占有重要的地位。如印度尼西亚最大的移动运营商 Telkomsel，政府持股 51.19%，该公司 2021 年 5 月推出了商用 5G 移动服务。2021 年 3 月，马来西亚政府成立国家数码公司（DNB），采用单批发网络的方式，负责 5G 网络的基础建设，接受了国内四大电信公司的建议，将开放股权给私人电信业者加入 5G 基础设施建设。新加坡电信公司（SingTel）是国内最大的电信营运商，也是新加坡政府控股的全资公司，该公司为国内两个独立的 SG 运营商之一，从 2021 年起推出独立 5G 电信网络。越南军队电鼎集团（Vettel）是国内规模最大的信息通信集团，也是全球十五大电信运营商之一，掌控国内研发终端设备、接入网和核心网等电信网络基础设施，在越南信息通信产业中起着引领作用。

二、东盟的跨国公司投资情况

由于东盟国家信息通信产业发展滞后，当地企业缺乏产业核心技术，各国数字基础设施建设大多依靠外资，利用信息通信跨国公司的资本与技术，通过 BOT（建设—经营转让）、TOT（移交—经营—移交）模式引进外资，与当地国有企业或私营企业进行数字基础设施建设。目前，东南亚第五代移动通信技术（5G）、大数据中心、人工智能、智慧城市等数字基础设施建设均与引进外资密切相关。

目前，东盟国家的5G通信技术、大数据中心等几乎均依靠国外跨国公司的资本与技术进行营运。菲律宾两大电信营运商的环球电信（Globe）和PLDT公司均使用中国华为技术，由华为公司对其提供核心设备和5G商用网络服务，菲律宾第三大电信运营商DITO与华为等公司启动5G基站项目的建设。泰国是东南亚较早开展5G业务的国家，其国内的电信营运商主要与中国的华为、中兴通讯公司合作。新加坡将瑞典爱立信、芬兰诺基亚公司作为合作方，建立5G基础架构。马来西亚国家数码公司与瑞典爱立信公司合作，委托该公司负责设计、建设与营运5G网络的基础设施。印度尼西亚国有移动运营商Telkomsel与中兴通讯公司签署5G商业合作谅解备忘录推出5G服务。越南5G网络建设主要是与爱立信和诺基亚两家公司合作，其中爱立信、诺基亚公司分别在河内和胡志明市建设5G基站。同时，新加坡大型云服务商和托管业务发展商主要是世界著名的跨国公司，如亚马逊、阿里、微软和谷歌等公司，微软、AIMS Data Centre、Vertiv、PCCW和G3 Global等公司则在马来西亚数据中心市场占有重要地位。此外，在东盟智慧城市网络建设中，多数国家主要通过引进外资开展城市的信息化和智能化建设。目前，日本有200多家企业参与到东南亚国家26个城市的智慧城市建设项目，包括越南的河内和岘港、缅甸的曼德勒、马来西亚的亚庇、印度尼西亚的雅加达、菲律宾的新克拉克等城市。其中，越南最大的智慧城市项目由日本住友集团与越南BRG集团合作开发，总投资达42亿美元，占地272公顷，2019年10月动工，计划2028年全部竣工。

三、东盟的中资企业投资情况

中资企业成为东盟国家信息通信业的重要投资者。2015~2021年，东盟国家信息通信业累计获得外国直接投资258.2亿美元，中资占比20.5%，比美资高出3.8个百分点。阿里、腾讯、京东等互联网巨头投资东南亚互联网平台。例如，阿里收购东南亚电商平台Lazada，投资印度尼西亚电商平台 Tpkope-dia；腾讯通过投资新加坡东海集团控股电商平台 Shopee；京东在印度尼西亚、泰国建立合资公司，投资越南电商平台 Ti-ki；腾讯、京东、美团点评等投资东南亚移动出行平台 Gojek；滴滴出行投资其东南亚竞争对手 Grab。此外，中资快递公司进入东南亚物流市场，京东物流、阿里菜鸟分别在泰国和马来西亚建立智能物流中心。阿里云、腾讯云、华为云等云服务商进入东南亚市场，在当地投资建设数据中心并提供云计算服务。2018 年，马来西亚引入阿里云 ET 城市大脑。截至 2022 年 11 月底，阿里云已在新加坡、马来西亚、印度尼西亚、菲律宾、泰国五国建立数据中心，运营 10 个可用区；腾讯云已在新加坡、泰国、印度尼西亚建立数据中心，运营 8 个可用区；华为云已在泰国、新加坡、马来西亚和印度尼西亚建立数据中心。

四、中国与东盟的金融科技合作

在 2018 年的《中国—东盟战略伙伴关系 2030 年愿景》中，中国—东盟双方就在谋求更加深化的金融合作，包括推动亚洲基础设施投资银行等国际金融机构参与调动私营资本提升能力建设，支持区域基础设施发展。2019 年在泰国曼谷举行的第 22 次中国—东盟领导人会议中，《中国—东盟关于"一带一路"倡议与〈东盟互联互通总体规划 2025〉对接合作的联合声明》中也指出，双方提倡利用私人资本促进东盟创新性基础设施融资，并鼓励亚洲基础设施投资银行，亚洲开发银行、世界银行等金融机构以及丝路基金等基金，充分利用私人资本、加强能力建设，通过区域内多样化和可持续的融资，支持基础设施建设。

中国企业充分把握了"一带一路"建设的机遇，通过利用区块链等技术来加强双方金融合作，其中中国建设银行利用区块链技术促成了两国在汽车和科技等领域的多项交易，蚂蚁金服也通过金融科技合作打开了东南亚市场，并获得了新加坡的数字批发银行牌照。

2022 年，中国—东盟在《落实中国—东盟面向和平与繁荣的战略伙伴关系联合宣言行动计划（2021-2025）》所列重点领域的基础上进一步明确了《中国—东盟建立对话关系 30 周年纪念峰会联合声明》以及双方商定领域深化务实合作的承诺，并发表了《中国—东盟全面战略伙伴关系行动计划（2022-2025）》，计划中指出，中国将就金融科技领域探索与东盟的进一步务实合作，双方将继续探讨《东盟数字总体规划 2025》与《中国—东盟关于建立数字经济合作伙伴关系的倡议》及其相关行动计划的对接。

第三节　人力资源与数字技术合作基础

　　长期以来，中国和东盟一直坚持互惠互利围绕科技创新开展合作，为亚太地区和平、繁荣发展贡献了重要力量。2018 年，第 21 次中国—东盟领导人会议发表《关于中国—东盟科学技术与创新合作的联合声明》，对科技创新合作做出了规划。2021 年，中国与东盟达成了《中国—东盟建设面向未来更加紧密的科技创新伙伴关系行动计划（2021-2025）》，提出了包括科技创新政策合作、联合研发、技术转移和人才交流等方面的计划，其中涵盖了科技创新政策管理、科技园区合作机制和伙伴关系模式等的政策合作，和生物技术、食品科学、基础设施等研发领域，从此为中国和东盟科技创新合作明确了目标、确定了机制和举措。在中国—东盟科技创新提升计划中，中国向东盟提供 1000 项先进适用技术，并自 2022 年起，五年内支持 300 名东盟青年科学家来华交流。2023 年 9 月，中国和东盟联合发布《共同推进实施中国—东盟科技创新提升计划的联合倡议》，希望促进双方科技人才交流，打造开放包容且具竞争力的科研合作平台，推动双方技术转移与创新创业合作。整体上，中国和东盟重视人力资源与数字技术的合作与交流，双方以数字人力资源合作、搭建科技合作平台、数字科研合作以及数字技术转移等形式，为中国—东盟地区发展提供了新的机遇，也加速了双方在数字化转型和创新驱动方面的进步。

一、中国—东盟数字人力资源合作

中国和东盟的数字人力资源合作是在双方整体的教育合作下开展的。2018年发布的《中国—东盟战略伙伴关系2030年愿景》中提出了对建设中国—东盟教育交流周等平台的期望，愿中国—东盟加强教育创新和学术交流。《中国与东盟未来更紧密科创伙伴关系行动计划》中提出了开设中国—东盟技术经理培训班的计划，以促进双方的技术转移和信息交流，同时该计划也提倡通过学习访问活动和新的或现有计划来促进人文交流，为妇女青年和弱势群体提供激励和支持机制，鼓励她们参与科技创新，参加国际培训班，学习使用先进技术的短期管理课程。《中国—东盟全面战略伙伴关系行动计划（2022-2025）》指出双方将探讨建立中国—东盟教育高官会议机制，并在数字学习技术和职业教育等领域开展务实合作，增加中国—东盟菁英奖学金名额。此项目于2019年起正式实施以来，近百名东盟国家青年赴华攻读硕士、博士学位，进行短期进修或参加能力建设培训项目，中国鼓励东盟国家留学生来华学习，支持中国留学生赴东盟国家学习，双方互派留学生人数超过20万。

2022年1月，中国—东盟数字部长会议发表《落实中国—东盟数字经济合作伙伴关系行动计划（2021-2025）》，并陆续开办了相关国际合作培训班，数字安全论坛和经济研修班等活动。如中国—东盟技术转移中心已连续举办了5届中国—东盟技术经理人国际培训班和14个专项技术培训班，累计为东盟国家培训科研骨干和科技管理人才370多名，通过广泛地培训交流，不断吸引东盟国家的企业、高校、科研机构、行业协会踊跃参与中国—东盟科技合作。中国地方政府也积极作为，如广西落实中国科技部"发展中国家杰出青年科学家来华工作计划"，实施了"百名东盟杰出青年科学家来华入桂工作计划"。

此外，中国重点的数字企业也积极为东盟培训数字人才。阿里巴巴（Alibaba Global Digital Talent Program，GDT）项目致力于推动全球数字经济教育、促进全球数字转型和普惠发展方面的学术交流以及人才培养，自

2017年启动以来足迹遍布亚洲、拉丁美洲、非洲和大洋洲。目前，该项目已覆盖的亚太地区市场包括马来西亚、新加坡、泰国、印度尼西亚、菲律宾、柬埔寨、越南、巴基斯坦、蒙古国和澳大利亚。在该项目下的阿里巴巴全球数字人才联盟（Alibaba GDT Network）积极与希望将数字经济课程纳入教育和培训系统的大学和教育机构探索合作，共同培养青年创业家和数字人才，先后与泰国、马来西亚4所高校共同签署项目合作协议，进一步深化数字人才培养实践，把中国数字经济的课程和人才培养模式输出到海外高校；与印度尼西亚、泰国、墨西哥、俄罗斯等海外渠道签署合作协议，建立中国数字经济教育的海外推广中心①。

此外，华为也推出东盟学院（Huawei ASEAN Academy）和"未来种子计划"、华为云初创企业计划，并联合伙伴发布"上云、走向全球"生态计划，为东盟地区数字化发展添砖加瓦。华为东盟学院是一个专门为该地区数字人才提供培训的模块，目标是在未来5年内培养5万名专业人才，分布在各个业务和技术领域。学院将提供超过3000个信息和通信技术课程，包括100名熟练培训人员，以培养数字人才。学院的信息和通信技术培训项目和课程的目标是政府机构、行业专业人士和大学生，为国家信息和通信技术生态系统的发展提供了一个整体的方法。学院实施既定的、多样化的教育方式，即情景化、在线实训和海外游学。学院还为不同类型的人才和需求水平提供多维度的解决方案，以确保这些解决方案有效地匹配当前企业的人才缺口。学院根据行业需求，在ICT行业趋势引导、生态系统人才支持和技能提升三大核心支柱中，解决了国家人才紧缺的痛点。该学院利用技术作为技能和人才发展的关键推动者，为东盟国家的数字经济提供坚实的基础。作为全球领先的ICT解决方案提供商，华为倡导开放、共享的ICT人才生态系统，使各方受益。华为东盟学院是华为发展本地ICT人才和实现数字化转型过程中的又一个重要里程碑②。

① 资料来源：https：//ali-home. alibaba. com/document-1568887764496154624。

② 资料来源：https：//zhuanlan. zhihu. com/p/142863811。

二、中国—东盟科技合作平台

近年来，中国与东盟之间建立了多个国际会议科技合作平台，这些合作平台不仅促进了中国—东盟科技合作的发展，还促进科技成果转化和技术转移。这些平台可以看作是推动中国—东盟科技合作的重要推动力量，为科技合作的拓展提供了更大的空间，推动了科技合作的发展进程。

（一）中国—东盟技术转移与创新合作大会

中国—东盟技术转移与创新合作大会是"中国—东盟技术转移中心"的标志性活动，每年举办一次。首届中国—东盟技术转移与创新合作大会于2013年9月3日至6日在南宁举行，至今已举办了11届，其主要目的是巩固提升政府间、部门间、机构间的合作关系，持续发展全方位合作领域，加快构建高水平合作平台以及加强人才培养交流合作、探索联合研发的合作模式。通过进一步深化双边区域技术转移和科技创新合作，中国与东盟国家共同努力促进经济增长、社会进步和文化发展。这种合作不仅为双方带来了经济效益，还推动了技术创新和知识共享，为未来的可持续发展奠定了坚实基础。中国—东盟技术转移中心与中国科学院在泰国朱拉隆功大学创新园内联合设立中泰东盟创新港，打造立足泰国、辐射东盟的离岸技术转移孵化创新平台。[①]

（二）中国—东盟人工智能合作论坛

2021年7月，首届中国—东盟人工智能合作论坛在南宁举办，并发布了《面向东盟的人工智能发展合作倡议》。该论坛作为中国—东盟技术转移与创新合作大会特设专业论坛，也是中国—东盟博览会框架下的科技领域重要行业论坛，以"科技向善 智惠东盟"为主题，聚焦人工智能技术和产业，共话发展前景。论坛还特设"先进技术展"，展示人工智能领域相关企业、高校及科研院所的技术成果，搭建中国—东盟人工智能技术交流合作平台。

---

① 资料来源：http://kjt.gxzf.gov.cn/dtxx_59340/kjgz/kjtgz/t7133341.shtml。

（三）中国—东盟科技产业合作论坛

2017 年 10 月 26 日，"中国—东盟科技产业合作论坛暨中国—东盟科技产业合作委员会成立会议"在中国北京清华科技园隆重举行。大会同步发表由东盟十国与中国代表签署的《关于加强中国—东盟科技产业合作共赢共识》（以下简称《共识》）。根据该《共识》，中国—东盟科技产业合作委员会是中国与东盟国家工商界、科研机构和企业间的非官方、非营利性商务合作组织，组成人员主要有中国和东盟十国有关科技产业机构和企业的代表。会议指出，中国—东盟将合作打造链接和服务中国和东盟各国高等院校、科研机构，开展科技产业、科技金融合作及人才培养和交流的创新服务示范平台。

（四）中国—东盟信息港论坛

2014 年，在首届中国—东盟网络空间论坛上，中国与东盟十国达成了共建中国—东盟信息港的倡议。"老挝是东南亚唯一的内陆国，没有海上港口，尤其需要网络的互联、信息的互通。"参会的老挝代表说。时隔一年，在第 12 届东博会上，中国正式对外宣布启动中国—东盟信息港建设。中国—东盟信息论坛至今已经举办了五届，在第五届论坛上设置了中国—东盟数字技术成果展，主要展示中国—东盟数字技术典型应用成果、5G 新应用、智慧城市、人工智能、北斗应用、移动应用开放服务平台等内容，有中国移动、中国东信、华为、国信云服、数字广西、中国—东盟北斗/GNSS（南宁）中心等多家数字经济企业参展。展出的技术成果中，中国—东盟工业互联网标识解析节点，是中国—东盟信息港的基础设施，可以为企业每个产品、零部件、机器设备等赋予唯一的"身份证编码"，从而实现跨领域、跨行业、跨地域的信息联通和交互，通过嵌入标识解析技术，打通从工业构件设计、生产、仓储、施工安装等全产业链生命周期监管流程，推动工业企业高质量发展。目前已在智慧建筑、蔗糖产业链管理等领域成功落地行业应用，累计标识解析量超过 8 亿次，累计标识注册量达 1.63 亿个。

三、中国—东盟数字科研合作

科研合作是数字经济合作的重要基础。以学者合著论文为例，2001～2022年，中国、美国、日本三国学者与东盟学者合著科技论文数均呈增长趋势。其中，中国—东盟学者合著论文数分别于2004年超过日本—东盟、2018年超过美国—东盟，与东盟国家在数字经济产业领域具有较强的互补性，基础设施、资本积累及人才储备等因素持续改善，为双方进一步拓展数字经济产业合作创造了条件。具体地，中国和东盟国家的科研机构和高校之间以建立联合研究院、实验室等形式，共同开展数字技术领域的研究，包括人工智能、物联网、大数据等，这些合作项目促进了双方在数字技术研发方面的交流和互相学习。

（一）与高校联合成立研究院

中国东信与广西大学、桂林电子科技大学及广西民族大学联合成立了中国—东盟信息港大数据研究院、中国—东盟信息港大数据应用工程研究中心、中国—东盟信息产业研究院、中国—东盟信息港数字经济研究院及中国—东盟信息港数字文化研究院等智库，旨在与国内外机构在云计算、大数据、物联网、云通信、区块链、科技金融、人工智能等方面开展联合研发，共享研究成果，助力数字丝路建设。中国—东盟信息港大数据研究院以中国—东盟信息互联互通和数字经济研究定位为重点研究方向，积极开展广西面向东盟国家的信息互联互通大数据建设、政策研究、学术研讨及人才培养。中国—东盟信息港数字经济研究院以数字技术区域产业赋能为核心，立足数字经济产业生态，服务广西数字经济创新发展的战略目标，支撑区域经济结构调整和数字经济新动能。中国—东盟信息产业研究院聚焦北斗、遥感、电子信息领域，积极与东盟国家开展合作，推动成立中国—缅甸GNSS联合实验室，为广西、中国及东盟国家各特色产业贡献信息产业研究成果、共享信息产业应用价值[1]。

---

[1]　资料来源：http://www.caih.com/subpage_242.html。

（二）组建实验室

中国—东盟信息港股份有限公司凝聚数字经济产业联盟的资源和技术力量，先行先试，联合华润集团旗下润联科技、中国信通院云计算与大数据研究所、小米金融等共建中国—东盟区块链应用创新实验室，积极布局区块链，务实搭建共享平台，连接行业资源，推动区块链技术进步。中国—东盟区块链应用创新实验室于 2020 年 7 月 20 日揭牌，实验室紧紧围绕中国—东盟信息港建设和数字广西建设的现实和潜在需求，充分发挥实验室联合组建单位在技术实力、产业场景、金融资源和生态整合的优势，坚持"自主创新、应用引领、技术驱动"的原则，以区块链技术与产业互联网融合创新为主线，建设一个自主可控的区块链底层引擎开放平台——中国—东盟区块链 Baas 平台，积极探索"区块链+供应链金融""区块链+数据交易""区块链+跨境结算"和"区块链+企业征信"等数字经济场景创新应用，输出可复制可推广的区块链产业创新标杆案例，努力建设成为国家级创新实验室。中国东信牵头组建了中国—东盟区块链应用创新实验室、北部湾大数据交易中心、中国—东盟信息港大数据研究院等一批创新应用平台，将进一步推动中国与东盟的数字技术协同研发与产业项目落地。

（三）与东盟合作伙伴共建中国—东盟互联网应用技术联合创新中心

2019 年 9 月，中国—东盟信息港股份有限公司（以下简称中国东信）与印度尼西亚、老挝、缅甸、菲律宾及新加坡 5 国合作伙伴签订了《共建中国—东盟互联网应用技术联合创新中心备忘录》，通过集聚和调动国内及东盟国家优质资源，推进政、企、产、学、研、投紧密结合，推动先进技术联合研发及对科研成果面向东盟国家进行针对性、差别化、创新性及适用型改进，打造覆盖面广、专业性强、全方位、多层次、宽领域，承接国内面向东盟的创新型示范性平台。

四、中国—东盟数字技术转移

近年来，中国的一些数字技术企业向东盟国家提供了技术支持和培训，帮助东盟国家提升数字技术水平。同时，东盟国家也向中国提供了一些本地化的数字技术解决方案，双方数字技术转移频繁。

中国东信重点项目——中国—东盟国际技术转移集聚区，依托中国—东盟技术转移中心项目建设，建立功能齐全、设施完善的技术转移服务和创新合作平台，吸引国内、东盟以及欧美的创新要素落户集聚区。通过深化中国—东盟双边技术转移工作机制，搭建中国—东盟技术交易平台，吸引国内外"大院""大所""大校""大企"联合开展面向东盟的技术研究和成果孵化，切实推动中国与东盟国家的技术转移与创新合作。此外，中国同泰国、柬埔寨等东盟 9 个国家建立了政府间双边技术转移工作机制，与 7 个国家组建双边技术转移联合工作组，为中国—东盟数字经济合作提供了技术支撑。

中国企业就电子支付、数字金融、电商合作、智慧物流、人工智能、智慧城市、区块链应用等领域同东盟开展了应用合作。如蚂蚁金服与泰国支付企业 Ascend Money 合作，提供泰国本地数字支付服务；阿里巴巴集团与马来西亚共建数字自由贸易区与跨境电子商务综合试验区；菜鸟与马来西亚机场控股公司打造国际超级物流枢纽 eHub，并与马来西亚数字自由贸易区对接；商汤科技与新加坡电信、新加坡南洋理工大学、新加坡国家超级计算中心合作，开发基于人工智能的问题解决方案；阿里云与马来西亚智能交通公司"塞纳交通系统"合作，打造智能交通管理系统；支付宝香港联合菲律宾最大的电子钱包 GCash，推出区块链跨境实时汇款服务等。

2020 年 9 月，华为泰国公司与泰国数字经济促进局联合建设的 5G 生态系统创新中心（以下简称 5G 创新中心）正式运行，计划在 3 年内孵化100 家当地科技类中小企业和初创企业。泰国数字经济促进局主席兼首席执行官纳塔蓬表示，5G 创新中心有望每年培训 500 名科技人才，开发至少 20 项创新专利，"中企有力支持了泰方 5G 技术发展"。

2021 年 4 月，腾讯云在印度尼西亚首都雅加达设立的首个数据中心正式投入运营。BNC 银行总裁詹德拉·古纳万表示，在选择基于腾讯云数据库来构建自身的分布式系统架构后，银行打破缺乏互联网运营工具等情况，实现了以较低的成本突破单机瓶颈，满足海量数据存储需求。

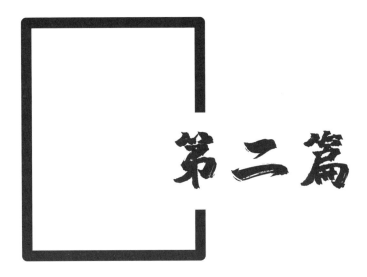

第二篇

产业布局篇

第六章 中国—东盟规模变现型 数字产业合作

在全球数字经济浪潮的推动下，中国与东盟国家间的合作正在向更深、更广的领域延伸。特别是在跨境电商与物流、云计算及大数据、网络游戏等数字产业中，双方的合作已成为推动区域经济发展的重要引擎。由于东盟人口规模和人口结构等决定了潜在的市场规模巨大，这些产业将是东盟经济增长的主要动力，也将在技术进步、产业升级和区域一体化等方面持续发挥举足轻重的作用。本章将重点探讨中国和东盟在这些数字产业的合作现状、面临的问题，以及如何充分挖掘潜在市场规模实现合作发展的可行策略。

第一节 跨境电商与物流产业

一、合作发展现状

网络的兴起使传统购物形式受到冲击，电商行业应运而生，数字技术的兴起进一步刺激了电商的发展。近年来，中国各大电商龙头竞相进入东盟国家网购市场，希望在东盟建立起跨境电商和跨境物流的新业态（见

表6-1）。阿里巴巴于2016年斥资10亿美元收购了东盟地区最大的在线购物平台Lazada；2017年11月与马来西亚数字经济发展机构联手打造的电子世界贸易平台（eWTP）正式启动，旨在成为地区物流、支付、通关、数据一体化中枢。腾讯于2017年投资了东盟地区新兴大型电商平台——虾皮（Shopee），并成为其第一大股东；2018年腾讯将马来西亚作为微信支付出海的试点国家，当地用户可在微信应用程序内以令吉完成支付和转账。京东于2016年和2018年先后在印度尼西亚、泰国分别推出了"京东海外版"和"京东中心"电商平台，并建立了智能物流中心，当地消费者可享受当日下单送达的便捷服务。2021年以来TikTokShop开通了印度尼西亚、越南、泰国、马来西亚、菲律宾、新加坡六个直播电商站点，在东南亚市场的GMV同比增速接近500%，东盟国家市场展现出超强潜力。可以看到，中国的电商龙头都敏锐察觉到东盟跨境电商市场的发展机遇，并竞相推出适宜的发展模式。北大汇丰智库的数据显示，就东盟现有的数字经济独角兽企业来看，多数企业的业务范围都涉及电商，可以看出在数字产业的竞争领域，电商无疑是各企业争夺的重点。与此同时，在区域经济快速发展和线上购物的推动下，东盟电商市场规模也持续增长。2020年，东盟日均电商订单数超过500万，电商活跃用户增长至1.5亿人，电商规模达740亿美元，2021年电商规模超1200亿美元，同比增长62%，预计2025年东盟地区电商市场规模将达到2340亿美元（见图6-1）。

表6-1 东盟数字经济"独角兽"

估值	企业	业务地区	业务范围
100亿美元以上	Grab	东南亚	生活服务、支付
	GoTo	印度尼西亚	生活服务、支付
	Sea	东南亚	游戏、电商、支付
10亿美元以上	Lazada	东南亚	电商
	J&T	东南亚	物流
	Tokopedia	印度尼西亚	电商
	Bukalapak	印度尼西亚	电商

续表

估值	企业	业务地区	业务范围
10 亿美元以上	Traveloka	印度尼西亚	在线旅游
	Qoo10	新加坡	电商
	Sendo	越南	电商
	VGN	越南	游戏、支付

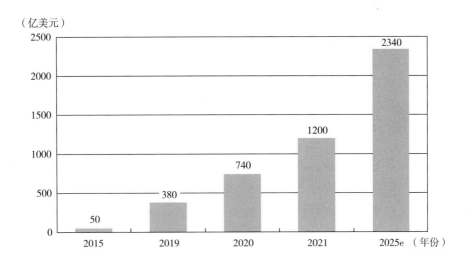

（亿美元）

图 6-1　2015~2025 年东盟电商市场规模及预测

　　东盟的电商市场近年来呈现出爆发式增长，得益于中国电商龙头海外投资的不断加码，以及多重因素共振下东盟本土电商需求规模的持续加大。并且，数字经济为跨境电商产业链带来的正向影响，也在不断改善着当地居民的生活。从电商市场细分情况来看，目前电子产品是东盟网购占比最高的品类，达 33%；其次是服装类，占比为 22%；其他品类上，家居用品占比 12%，食品百货占比为 11%，美妆个护占比为 6%。预计食品百货和服装品类的占比将进一步扩大，其他品类的占比则将相对缩减（见表 6-2）。

表6-2 东盟主要国家电商市场条件及潜力

国家	2020年市场规模	预计2025年市场规模	市场条件
印度尼西亚	约320亿美元	830亿美元	年轻化的人口结构、中产阶层消费力的提升、互联网及智能手机渗透率提升驱动印度尼西亚电商市场快速发展
泰国	约80亿美元	250亿美元	整体营商环境良好，物流效率居于东南亚国家前列，电商市场规模增速高于东南亚平均水平
越南	约64亿美元	300亿美元	社交电商盛行，催生庞大电商市场，物流基础设施落后导致效率低下。线下娱乐设施相对缺乏，社交媒体、线上娱乐是重要的休闲方式，催生庞大社交电商市场
马来西亚	约61亿美元	150亿美元	数字化发展进程较快，基础通信设施完善，网络覆盖率和电子商务渗透率较高，民众对于"宅产品"的需求直线上升，消费者购买能力较强，跨境电商发展潜力较大
菲律宾	约43亿美元	180亿美元	人口众多，经济发展处于上升期，网络和智能手机的普及率不断提高，中产阶级和年轻群体正不断壮大，潜在电商消费者数量正在快速增长。Lazada、Shopee、Zalora、Carousell、eBay、Globe Online Shop、Metrodeal、BeautyMNL、Argomall、Galleon.ph是其电商市场十大网站，但电商渗透率仍相对较低，跨境电商市场吸引力日益突出
新加坡	约57亿美元	120亿美元	经济发达，人均收入和人均消费水平位居东盟之首，互联网普及率达84%，73%的互联网用户都有过网购经历，购物篮系数平均价值为91美元。国土狭小和人口稠密使派送物流时效快，潜在电商市场优势大

　　近年来，东盟各国制定系列政策措施，促进跨境电商与物流产业的发展。例如，菲律宾贸易工业部制定《电子商务路线图》，目标到2022年电商经济占GDP比重超过50%。此外，各国通过放宽投资范围、给予项目税收优惠等方式，吸引外资进入。根据世界银行披露数据，东盟各国营商环境综合评分均上升，部分国家营商环境排名明显提高。中国的电商产

业应当抓住东盟各国的政策优惠，及时加大投资，拓宽在东盟各国的发展路径，实现产业业态的高度渗透。同时，2022年1月1日，《区域全面经济伙伴关系协定》（RCEP）正式生效，相关产品将会享受大幅关税减让等优惠待遇，降低跨境电商卖家出海成本，这一协定更加促进了中国的电商产业在东盟的正向发展。中国可以推动电子商务制度性框架建立，以此加强成员国之间电子商务的合作，并帮助中小企业克服使用电子商务的障碍，从中拓宽我国数字经济发展的广度。

目前，东盟地缘政治导致的关税和非关税贸易壁垒是跨境电商发展的主要瓶颈，支付和物流问题也限制了东盟电商的进一步扩展。鉴于《区域全面经济伙伴关系协定》（RCEP）已于2022年1月1日正式生效，在双边自贸协定的基础上产品关税减让的门槛将进一步降低，更有利于扩大中国电子设备、纺织、服装、轻工、建材、农产品、汽车零部件等产品对新加坡、文莱、泰国、柬埔寨、老挝、越南6个东盟成员国出口，对东盟市场跨境电商及物流业务拓展及布局优化形成实质性利好。

二、面临的问题

第一，基础设施落后。由于东盟电商与物流的基础设施薄弱，市场覆盖面不足，电商渗透率相较而言仍然较低，从而带来物流成本高，快递效率低的问题。特别是由于配套设施的不齐全、中转仓储的低智能化与道路建设的不完善，导致东盟多数国家物流业难以提高效率，使用户在电商平台的网购体验难以像中国一样顺畅，无法做到"隔日达"。此外，东盟地区的物流基础设施较为落后，许多地区仍在采用传统的物流管理方式进行存储、运输与配送，缺乏冷链储藏、运输的技术与设备。即便顺丰、EMS、申通等中国领军物流企业已经在东盟地区开展业务，但由于缺乏当地的本土数据与相关政策支持，难以实现物流分配的最佳优化，使得这些企业在当地业务的拓展上并不顺畅。这些因素极大地延长了货物的最终送达时间，不仅限制了跨境电商交易品类，也降低了客户的购买欲望。整体上看，目前东盟零售电商渗透率普遍低于5%，其中最大的电商市场印度尼西亚的渗透率相对较高，达到 4.26%，但对标中国 24.9% 的电商市场渗透率来看，东盟电商市场发展潜力巨大，仍存在 8~10 倍的提升空间（见图 6-2）。这一方面将可能激发中国电商巨头引领东盟电商产业发展的信心和动力，另一方面也可能使东盟地区难以通过产业链集聚、供应链管理而有效发挥跨境电商及物流的规模化、低成本优势，进而抑制双边持续加码产业投资的积极性。

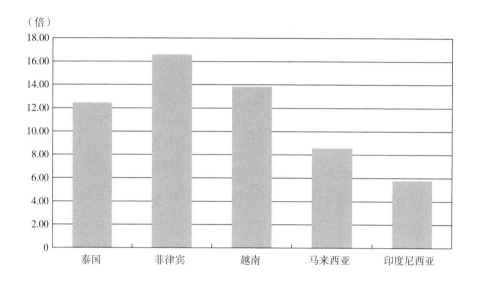

（倍）

图 6-2 东盟各国电商市场渗透率的提升空间（以中国为基准）

第二，在线支付体系不健全。就目前来看，中国与东盟的跨境物流运输和在线支付体系的不健全是制约双方数字经济合作顺利开展的重要因素。跨境物流体系不仅包含基本的配送过程，还涵盖通关审核、跨境运输等程序。中国与东盟各国在通关程序上存在着一定差异，虽然近年来双方一直努力推动双方通关一体化进程，但目前海关在通关运行中仍有诸多环节需要协调。此外，我国与东盟各国存在支付方式上的差异，导致跨境电商企业的结算困难重重。当前，东盟各国最为常见的结算方式是使用信用卡，其次是银行转账。因此东盟各国的结算方式与我国普遍的线上支付不同，跨境的电子支付是我国进军东盟电商市场急需解决的问题之一。

第三，监管差异大，出口成本高。东盟地区尚未形成类似欧盟地区全面开放的水平，各国间针对电商、物流相关政策的差异导致跨境电商及物流服务在中转、运输、通关时会部分受阻，制约了双边产业的协同发展和效率提升。国与国之间的法律法规存在差异也导致各国的监管方式和力度有所区别，因此，在进行跨境电商商品出口时，可能会面临各种各样的问题，从而导致出口成本增加。在商品出口的过程中，仍然需要各国共同协调与合作，才能具体谋划出对交易双方都有利的对策。

三、合作发展策略

中国的电商巨头在加大投资东盟市场的同时，也要注重跨境电商配套产业链的发展，做到"货""运""储"三不误，以此带动东盟地区包括物流及仓储在内的电商基础设施建设，促进东盟电商行业更快更好发展。考虑东盟各国经济发展水平差异和跨境电商企业平台利益最大化原则，中国应加快跨境电商及物流产业布局于东盟各国。

中国的数字产业要锚定东盟各国发展的不足之处，以国内电商产业发展的经验来推动东盟电商基础设施建设、电商配套服务建设以及电商综合建设，用国内的发展经验促进东盟电商产业的发展，实现数字经济建设在东盟国家的直观优势和成效。中国的电商产业应抓住机遇，持续跟进相关优惠政策，大力促进产业在东盟各国的深入发展，以实现东盟电商产业的快速进步，并从中获得数字产业的发展红利。

为进一步扩大中国跨境电商及物流在东盟的市场份额：第一，加强双边跨境电子商务政策、监管与服务合作，推动中国与东盟国家之间口岸的信息互换、监管互认，切实降低自贸区各国对电商产业的关税和非关税贸易壁垒。第二，构建以跨境金融、跨境物流、跨境数据三大要素为核心的泛电商生态体系。其中，跨境金融支付成为跨境电商又一盈利手段，跨境物流是跨境电商的基础和重要保障，跨境电商信用体系源自平台交易数据，又支撑跨境金融及交易服务，三者融合从而形成闭环。第三，构建跨境物流信息服务平台，支持大型电商企业在新加坡、马来西亚、印度尼西亚、泰国等主流消费市场加快建设一批海外仓和快递物流分拨中心，利用东南亚廉价劳动力解决"快递最后一公里"问题，实现端到端物流。第四，利用 Lazada、Shopee 等东南亚旗舰电商平台以及阿里速卖通（AliExpress）、拼多多（Temu）、字节跳动（TiktokShop 国际版）、SHEIN 等全球排名靠前的跨境电商品牌，将产品按各国消费能力、人均收入及宗教文化等特点分级分质销售，实现覆盖大部分人口的充分价格弹性。第五，紧抓RCEP 区域开放带来的新机遇，推动中国与东盟推进跨境电商在"一站式"跨境电商解决方案、数智化服务平台、零门槛跨境出海、优品馆构建、数字电商人才培养与合作交流等方面的对接合作，扩大了跨境电商及物流产业在区域开放中的增长潜力和空间。

第二节　云计算及大数据产业

一、合作发展现状

近年来，东盟地区的数据中心和云服务领域投资大幅增加，有超过40%的数据中心是外资或合资企业。截至 2020 年，东盟地区拥有超过295 个数据中心，其中有 70%的数据中心位于新加坡、印度尼西亚和马来西亚，占据了区域全面经济伙伴关系协定（RCEP）成员国数据中心数量的 23%。截至 2023 年，中国与东盟国家在云计算及大数据产业方面积极开展合作，已建成了中国和东盟的 12 条国际陆路光缆、13 个国际通信节点、1 个国家域名 CN 顶级节点、3 个海外云计算中心。东盟地区吸引了众多国际跨国数据中心投资者、运营商和技术提供商，积极参与数据中心基础设施的建设，提供批发和零售服务以及云设施（见表 6-3）。

表 6-3　东盟主要国家数据中心与云设施相关信息

国家	数据中心与云设施相关信息
文莱	文莱现有 1 个由意大利 Elmec 公司运营的数据中心和若干个本地企业所有、美国 Level3 通信公司运营的数据中心
柬埔寨	柬埔寨现有 4 个数据中心，其中 1 个由新加坡 SeaTel 公司运营
印度尼西亚	印度尼西亚数据中心数量在东盟国家仅次于新加坡，其中 22 个为外企所有。2020~2024 年，印度尼西亚云计算市场年均复合增长率预计达 21.8%。2020 年，印度尼西亚云服务供应商已超 68 个，其中外国供应商主要包括亚马逊网络服务、阿里云、中国电信、谷歌云和美国微软
老挝	老挝互联网普及率为 48%。2020 年该国有 1 个数据中心，为外企所有
马来西亚	马来西亚有 44 个数据中心，其中 27 个为外企所有。2020 年，该国数据中心市场规模 5 亿美元，预计到 2025 年可超 8 亿美元。该国约有 80 个云服务供应商，其中许多为跨国公司。中国华为、阿里巴巴、腾讯，日本 NTT、日立，美国 AWS、Zenlayer 等跨国公司参与该国数据中心和云服务业务
缅甸	缅甸现有 6 个数据中心，主要为东盟企业所有。2020 年该国有至少 12 个云服务供应商，排名前五的公司份额占整个云行业 64%，其中 4 个是外国供应商，分别为卡塔尔 Ooredoo、新加坡 Campana、日本 NTT 和美国 Zenlayer
菲律宾	菲律宾现有 28 个数据中心，其中 9 个为外企所有。2019~2024 年，该国数据中心市场年均复合增长率预计 14.2%。参与开发或拥有数据中心和云服务的跨国公司包括美国 AWS、日本 NTT、美国 Zenlayer 等
新加坡	新加坡是东盟增长最迅速的数据中心市场之一，现有 100 个数据中心，其中 55 个为外企所有。公共云服务投资预计由 2018 年的 15 亿美元增至 2023 年的 36 亿美元（占该国国内生产总值的 0.4%），年均复合增长率为 20%。2020 年，新加坡已有至少 450 个云服务供应商，包括 AWS、谷歌云、微软 Azure、IBMCloud、Zoom、Zenlayer 等，中国百度、华为、腾讯等也在该国拥有数据中心
泰国	泰国数据中心和云市场处在新兴阶段，2020 年该行业估值约 10 亿美元。2020 年，泰国至少有 29 个数字中心和 53 个云服务供应商。大多数据中心为当地企业所有，而外企在云服务公司中占比较高，排名前五位的云服务供应商中，有 4 家外国企业，分别为越南 TeleDataCenter、新加坡 StarHub、中国电信和中国香港 Console-Connect
越南	2019 年，越南数据中心市场规模 7.28 亿美元，预计 2025 年将达 16 亿美元，年均复合增长率为 14.6%。越南数据中心超 20 家，前五大运营商主要为本地公司，占 75% 市场份额。跨国公司是云设施发展的关键角色，43 家云服务供应商的前五位均为跨国企业，分别为中国香港 PCCW、澳大利亚 Telstra、美国 Cogent 通讯、中国电信和印度 Tata 通讯，共占约 30% 市场份额

资料来源：东盟经贸 | 《2020-2021 东盟投资报告》（五）：东盟 5G 网络、数据中心与云设施投资情况。

虽然数字经济近年来的发展势头很迅猛，但是以云计算、大数据为代表的新兴数字技术基础设施在东盟仍处于早期发展阶段，相关的配套设施不够完善，同时相关的产业链也不够全面，具有极大的发展空间（见图6-3）。根据华为发布的2020年全球连接指数（GCI），东盟各国评分与中国相比都有一些差距，以云计算和物联网为例，这两项直接反映数字技术发展的指标得分均不高，与发达国家的领先水平有较大差距，这主要由东盟地区数字技术整体发展水平较低所致，也给中国与东盟各国的合作发展打下了基础，为相关领域的协同发展创造了空间。

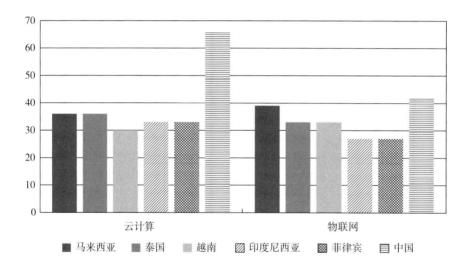

图6-3　华为全球连接指数2020云计算与物联网分项指标得分

二、面临的问题

第一，数字人才匮乏。数字人才缺口无法填补是当前东盟云计算及大数据等新兴技术提升面临的重大问题。《2020年世界数字竞争力排名》报告显示，新加坡数字竞争力位居世界第二，数字人才指数位居世界第一，但其他东盟国家均排在中下位置，如马来西亚在第30位，印度尼西亚在第 43 位，菲律宾在第 55 位，其余国家均未上榜，部分落后东盟国家的人才匮乏问题尤为严重。虽然马来西亚、新加坡和泰国等都在积极培养和吸纳数字化经济科技人才，但是东盟各国数字经济人才储备数量仍不能满足其发展要求。人才的匮乏，一方面制约着技术的突破和创新，另一方面将导致难以与我国建立有效的合作关系，无法共同推动技术的发展和应用。

第二，当前东盟数据中心大部分集中于新加坡和马来西亚，泰国、缅甸、老挝等国的数据中心和云设施建设仍然处于早期起步阶段。而且很多国家的企业规模偏小限制其自主研发能力，数字技术高度依赖于跨国公司。中国在东盟地区的数据中心和云服务投资不足，数据服务中心对东盟地区的覆盖度不够，所收集的相关数据有限，同时对数据的分析也难以达到可应用的水平。数字技术发展的一个重要条件是数据的获取和分析，进而加以应用，中国在数据中心的布局上走在世界前列，但在东盟地区相关的数据中心分布较少，难以为云计算和大数据服务提供支持。

第三，政策差异与市场竞争导致云计算及大数据的集成度低。鉴于东盟地区的政策影响以及美国、日本、新加坡等发达国家的竞相布局，中国企业协助东盟地区利用云计算进行产业升级的范围受限，无法发挥大数据应用的真正潜力，使得云计算与大数据产业的本土化发展难以落到实处。同时，由于东盟地区不同国家之间的政策差异，数据的收集无法形成整体的规模，难以在不同国家之间针对用户行为进行数据采集、分析与利用。而且，目前东盟地区能充分发挥云计算和大数据作用的产业场景较少，相关配套设施的欠缺限制了数字技术的应用。

第四，数字相关产业发展普遍较为欠缺，无法匹配云计算和大数据应用的功能，中国企业难以利用自身经验对东盟地区进行升级协助。数据作为全新的一种生产要素，只有在配套相关数字产业链应用时才能最大限度地发挥其作用，现阶段东盟地区的数字经济发展水平不足以支撑起云计算和大数据所能实现的功能，很大程度上弱化了对东盟地区相关数字化基础设施建设和产业链投资的市场动力。

三、合作发展策略

要全面实现东盟经济的数字化转型，就要着力解决云计算和大数据产业发展不充分的问题，云计算和大数据应用可以普及到多行业多领域，让数字经济真正实现全面发展，不仅可优化其内部产业结构，实现经济跨越式增长，摆脱"中等收入陷阱"，同时还将重塑其在全球价值链中的地位，提升国际竞争力。一方面，东盟多国在过去的 30 年间已经先后迈入中等收入国家行列，但要跨入高等收入国家行列仍然困难重重，依托云计算和大数据技术的产业数字化转型能助力东盟地区各国实现"弯道超车"；另一方面，东盟大部分国家仍停留在电气化的"工业 2.0"阶段，在全球工业价值链中仍处于中下游的位置，匮乏产业竞争力，云计算和大数据技术将推动国家技术、资本、劳动力、土地等传统生产要素进行优化重组，令数据要素与传统产业广泛且深入融合，凸显乘数效应，赋予国家经济更为强劲的动力。

中国的云计算及大数据产业在与东盟地区进行合作时，首要关注点应放在数据相关基础设施的配套建设上。数字技术的发展离不开相关数据中心的成立，大型数据中心不仅起到收集汇总数据的作用，其更重要的功能是实现数据的运算和合理的调度，使数据能发挥相应的作用，真正实现各产业的数字化发展。中国在与东盟地区进行数据中心建设合作时，应重点考虑环境、基础设施、气候和电力供应等因素，保证数据中心在大数据的云计算作用方面得到充分的发挥。根据戴德梁行的相关研究，东盟地区的数据中心市场在 2019~2024 年的年复合增长率预计高达 13 个百分点。其中，新加坡凭借友好的商业环境、发达的基础设施和清洁的能源供应体系，成为跨国企业在亚太和东南亚设立地区中心的最佳选择，这也使得其成为东南亚乃至亚太地区数字产业增长最快的国家。然而由于地理位置的局限性，同时东盟各国也纷纷出台数字经济和制造业 4.0 的国家规划，数字中心和云服务的相关需求大范围增长，中国应把握发展机会，协助东盟地区打造独具特色的数据中心和云服务中心，促进东盟的云计算和大数据服务实现转型升级。北大汇丰智库显示，2020 年中国的超大型数据中心数量突破 80 个，东盟地区的数量明显不足，其中菲律宾仅有 3 个，最多的印度尼西亚也不足 50 个（见图 6-4），由此进一步体现出东盟地区在云计算和大数据方面发展能力的欠缺，这对于中国云计算及大数据产业大力进军东盟市场是一个不可多得的良机。

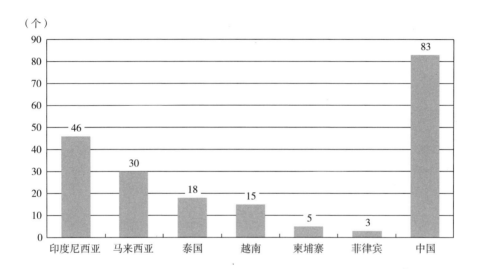

（个）

图 6-4　2020 年东盟各国和中国超大型数据中心数量

打造超大型数据中心不但可满足云计算和大数据服务的需要，更可以带动相关数字产业的联动发展。数据中心不仅能提供数字经济发展的基础要素，更能催生出一系列数字产业，使相关产业实现数字化，也为东盟地区各类产业的数字化转型提供了机会和可能。虽然在数字基础设施投资方面，东盟各国都有禁止或限制在某些敏感行业投资的外商投资制度，而且大型基础设施往往必须由政府或国有实体牵头或参与，2020 年，中国与东盟发布《中国—东盟关于建立数字经济合作伙伴关系的倡议》，明确强调加强双方数字基础设施合作，这使得中国的数字产业，尤其是数字产业的基础设施建设与东盟的合作发展成为可能。除超大型数据中心外，云计算与大数据的其他相关平台的建设也在规划之中。2015 年中国和东盟开始共同打造中国—东盟信息港，该信息港旨在形成以广西为支点的中国—东盟信息通信枢纽并建设连接中国与东盟的"信息丝绸之路"。这是中国促进数字经济在东盟发展的一个很好范例，类似的信息港也能很好地弥补东盟地区云计算和大数据的相关短板，并与超大型数据中心相辅相成。目前，中国—东盟信息港、中国—东盟数字经济产业园项目已有超过 50 家企业签约入园，预计至 2025 年，广西计划重点建设中国—东盟信息港规划项目数百个，总投资超千亿元人民币。中国的数字产业在助力东盟地区的云计算和大数据发展之路上可以以此为参照，因地制宜着力推进中国本土与东盟地区的数字经济实现协同发展。

目前，东盟成员国之间在云计算领域的技术进步并不一致，国家之间发展状况有较大差距（见表 6-4）。东盟数据中心市场预计未来几年将迎来大幅增长，从 2019 年的约 19 亿美元增长到 2024 年的 35 亿美元以上，年均复合增长率将达 13%，超过北美地区 6.4% 和亚太地区 12.2% 的增速。由于中小型企业对云计算的需求增加，上述东盟国家一直致力于扩展通用宽带基础设施，建立更强大的信息通信技术产业。发展的最大瓶颈是技术发展不完全、数据传输与处理标准不一致，此外还受到数据中心建设、5G 铺设进度、应用场景拓展有限等因素的限制。同时，中美在东盟云计算市场的竞争日趋白热化，阿里云、腾讯云将直面谷歌云（GCP）、亚马逊 AWS 和微软 Azure 的激烈竞争，Grab、Moka、Redmart、Send. vn、GOTO 等初创公司和独角兽企业也是不容小觑的潜在竞争者。

表 6-4　东盟主要国家云计算和数据中心服务市场规模

国家	云计算	数据中心
印度尼西亚	拥有 68 个云服务供应商，市场年均复合增长率达 21.8%	数据中心数量居东盟第二，22 家外企数据中心
马来西亚	拥有 80 个云服务供应商，其中许多为跨国公司	拥有 44 个数据中心，市场规模 5 亿美元

续表

国家	云计算	数据中心
缅甸	拥有至少 12 个云服务供应商，排名前五的公司份额占整个云行业的 64%	现有 6 个数据中心，主要为东盟企业所有
新加坡	云计算投资预计增至 36 亿美元，年均复合增长率为 20%	现有 100 个数据中心，55 家外企数据中心
泰国	拥有 53 个云计算供应商，外企占比较高	拥有 29 个数据中心，多为当地企业
越南	云计算市场价值为 1.65 亿美元，年均复合增长率为 10%	数据中心市场规模 7.28 亿美元，年均复合增长率为 14.6%

　　总的来说，中国的数字产业在与东盟地区数字产业合作发展时，可着力援建数据相关基础设施，打造东盟地区自身的云计算中心，推动构建东盟地区的物联网系统。云计算和大数据的发展是数字技术实现发展的基础，也是促进数字经济发展的必要条件。各类产业链都需要充分获取数据，并对海量数据进行整理和运算，从而使产业得到刺激，以此为产业带来别样的机遇。这一基础性的数字技术发展不足导致东盟地区缺乏具有国际竞争力的核心技术和产品，进而难以实现数字经济时代下的快速发展。此外，中国云计算及大数据产业应重点布局印度尼西亚、马来西亚、缅甸、新加坡、泰国、越南等国家。为抢占云计算及大数据产业在东盟市场的发展先机：

　　第一，以印度尼西亚、马来西亚的数据中心建设为基础，合作建立云计算和数据联合研发中心，内容上深耕东盟国家主打的教育、直播、旅游、游戏娱乐、数字信息服务等领域的应用。以腾讯云在雅加达设立的云计算数据中心、阿里云在吉隆坡的云计算中心等展开布局，依托骨干网络接入条件和 BGP 技术，就近为周边区域客户提供弹性计算、存储、安全等云服务。与本土 Touch'n Go 等公司建立合作关系，向企业与政府提供 CBET 等云计算 PaaS 以及数据处理服务。在硬件上推动数据通信连接、环境监控设备、管理系统以及安全装置等细分领域合作项目落地实施。

　　第二，按云游戏—云服务—云计算的顺序进行推进，利用国内成熟的游戏研发和游戏运营的云化服务，向东盟国家边缘计算技术节点覆盖的企业、学校、医院等推广 Iaas 与 Saas 云计算服务，赋予每一个用户云端共享能力，打开更大的市场空间。

第三，随着东盟云计算市场的发展，HDFS 技术、虚拟化技术、BT 数据管理和计算机交互领域等新兴产业环节有望充分受益，从而带动云计算器件及模组、数据中心服务及终端并行设备快速发展。凭借用户端与云端并行的强大算力、更自然友好的交互方式以及更丰富的应用场景，中国可与东盟合作开发基于大数据共享的新一代云计算平台，掌握先发优势。

第三节　网络游戏产业

一、合作发展现状

游戏产业作为数字经济的重要组成部分，已成为全球数字产业蓬勃发展的重要推动力，东盟地区的游戏产业也日益兴盛。中国数字产业企业凭借自身过硬的技术实力、市场资源以及深耕多年的经验，在东盟国家的游戏产业中发挥着越来越重要的角色。近年来，东盟各国游戏产业发展迅速，市场规模不断扩大，同时由于与中国在地理位置上接近、文化上的渊源，也成为中国国产游戏出口的第一选择。据 AppAnnie 的统计，2020年，在全球主要市场的移动游戏 TOP 250 中，中国移动游戏市场份额最高的区域就是东盟地区，其占比高达 59%。这一高额占比足以体现出中国的游戏产业在东盟地区发展的强劲势头。随着数字经济的深度发展，游戏产业也得到了更进一步的创新，从端游到页游，再到如今智能手机普及以后的手游，中国的游戏产业始终走在产业的前沿，东盟地区作为中国游戏市场出海的首选，也因其日益扩大的游戏玩家群体使其对游戏产品的需求日益增长（见图 6-5）。AppAnnie 显示，东盟的游戏市场集中度不高，前十位游戏的收益占比在 18%～36%，因此新晋游戏企业及移动游戏也有进入东盟市场的较好机会。

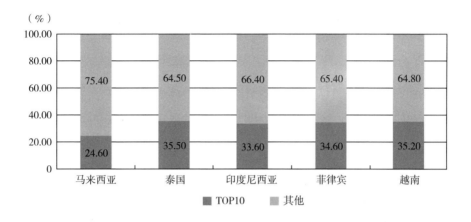

图 6-5　2020 年东盟部分国家移动游戏的收益分成比例

二、面临的问题

第一，由于文化土壤差异，中国游戏企业对东盟地区本土玩家的偏好把握不足，难以快速赢得当地市场的青睐。游戏产品不同于衣食住行等传统消费品，它是实现居民精神满足的一类重要娱乐产品，因此在推广之前企业需做好尽调，对东盟地区的文化进行全面了解，因地制宜进行本土化游戏研发，才能更好地推出当地居民喜闻乐见的高质量游戏产品，实现游戏产品在东盟地区的更好推广与传播，将手机玩家转变为付费用户。

第二，游戏配套产业发展不平衡，高技术程序员及游戏相关服务人员（客服、售后等）素质不高，培训难度大，延缓了游戏产品的定制推出及商业化进程。东盟地区整体教育水平相对落后，高素质的游戏开发者数量较少，难以及时把握市场动向，开发新型游戏。即使是在人力素质突出的新加坡，游戏产业因劳动强度更大而薪资待遇相比其他行业并不具备明显优势，对当地年轻技术人才的吸引力有限，增加了中国游戏头部企业在当地开设海外子公司并争夺人才、进行实质化运营的难度。

三、合作发展策略

中国数字产业规模逐年增大，相关游戏企业对东盟市场的渗透也逐步加深，东盟国家的游戏市场越来越成为中国游戏企业的重点关注对象。作为中国游戏行业的第一出口地区，东盟的游戏产业发展日新月异，随着数字经济的兴起，叠加相关产业链供应链的完善，中国的数字产业企业可以更加方便地在东盟地区推行游戏产业的纵深发展。中国企业可通过传统并购、投资等方式，加速布局东盟的游戏市场，并且通过游戏出口与本地研发相结合的方式，扩大市场占有率。中国的游戏龙头企业，如腾讯、网易、字节跳动等均在东盟国家大力推广自身的游戏产品，构筑了有力的市场竞争业态，引领东盟地区游戏产业蓬勃发展，刺激游戏行业的快速渗透，并以此促进数字产业的发展。

另外，随着数字技术的不断普及，云游戏也是各企业发展的方向之一，中国数字产业企业开始在东盟国家积极推广云游戏，并以此推动VR/AR 技术的进步，同时打开东盟游戏群体在云游戏方面的市场，拓宽游戏行业在数字产业链里的发展宽度，以此助力东盟国家的游戏产业升级。中国数字产业企业也应根据东盟国家的特点和市场需求制定不同的策略，以此引领游戏行业的进步，促进数字经济与游戏行业的有机结合，实现良性互通。中国游戏产业在与东盟地区游戏产业进行合作发展时，需要尊重当地的文化土壤，了解市场需求，以此开发出更适合东盟地区的差异化游戏产品，才能实现更快的推广。

虽然东盟地区占据着中国游戏行业海外市场的大部分份额，但在当前数字经济蓬勃发展、日新月异的形势下，仍需注重发展策略，以此达到促进东盟游戏产业升级的终极目标。

第一，中国的游戏产业企业在进入东盟地区市场前，需要进行广泛而深入的调研，在全面进行产业投资和游戏研发前，应深度了解东盟市场的需求和特点，制定符合当地市场需求的发展策略。

第二，需要关注当地玩家的喜好和文化背景，开发适合当地市场的游戏产品和玩法。游戏产品不同于衣食住行等传统消费品，它是一种娱乐产品，是实现居民精神需求的一类重要产品，这类产品的传播力度远强于常规消费品，因此在推广之前企业需做好尽调，对东盟地区的文化有所了解，才能更好地推出当地居民喜闻乐见的游戏产品。

第三，在推出游戏产品时，不仅要有"国内研发，海外出口"的模式，更需在东盟地区当地实行研发，与东盟国家的游戏开发商进行技术合作，共同研发具有创新性的游戏产品。只有因地制宜在当地进行游戏研发，才能更好地创造相关产业的就业机会，带动东盟地区游戏产业的进一步发展，通过互相学习和借鉴，可以推动东盟国家游戏产业的技术进步和升级，也能更好地提高游戏产品的质量和竞争力，实现游戏产品在东盟地区的更好推广与传播。这种技术合作恰好也能为东盟地区培养相关的游戏行业人才，助力解决东盟国家游戏产业面临的人才短缺问题。游戏产业除开发岗位外，还有运营、维护、售后等多个岗位，中国游戏产业企业与东盟地区游戏企业的合作可以更好为他们输送人才培养经验，带动东盟地区的游戏产业全方面发展，真正实现游戏产业链的全方面升级。

第四，随着数字经济的不断深化，游戏产业作为数字技术的重要组成部分，必将受到极大的影响，中国与东盟国家在游戏产业相关领域也可适时出台相应政策，进一步促进游戏产业的融合。

第五，随着数字技术的不断进步，以 VR/AR 技术为依托的云游戏会得到更大的推广，中国游戏企业也应抓住机遇，协同东盟地区游戏企业打造外接设备的生产路径，实现游戏从研发到穿戴设备的全产业链发展。

第六，随着人们生活水平的提高，对游戏的要求也会逐步提高，玩家将不再拘泥于游戏带来的短暂快感，将进一步追求实际体验，这也是云游戏快速发展的一个重要背景。

无论是传统的网络游戏，还是新兴的云游戏，中国游戏企业都应把握机会，通过与东盟游戏企业相互协作，构建完善的东盟地区游戏产业链，以中国游戏行业的发展为经验，助力东盟地区实现研发、运营、维护等游戏岗位人才的全面培养，并以此达到深入了解市场需求、加强技术合作与创新、培养专业人才、完善产业链的目标，促进东盟地区游戏产业实现快速发展和技术升级，同时实现中国游戏产业与东盟地区共同的互利共赢和可持续发展。

第七章　中国—东盟加速落地型数字产业合作

数字支付和智能制造是中国兼具相对比较优势和绝对比较优势的数字产业，也是中国与东盟数字产业合作的两大核心，不仅推动了区域内金融服务的创新升级，也为制造业的智能化、高效化转型提供了强大动力。本章将重点探讨中国—东盟在数字支付产业和智能制造产业等领域的合作现状、面临问题及合作发展策略，深入分析这些产业的特点和发展趋势，探讨如何更好地发挥各自的优势，共同推动合作项目的加速落地和区域经济的持续发展。

第一节　数字支付产业

一、合作发展现状

随着当今时代金融科技的飞速发展，新兴的支付技术公司和创新型金融机构推出了各种数字支付解决方案，进一步推动了数字支付的发展。数字支付最显著的优势就是其便捷性以及可以降低交易成本，人们可以随时随地通过智能手机、电脑等设备进行支付，无须携带大量现金或银行卡，从而提高交易效率。但是数字支付还有促进电子商务产业发展、支持金融包容性等功能。然而，与许多发达国家相比，东南亚地区的银行卡和信用卡渗透率相对较低，这给数字支付的实施带来了重大障碍。类似于许多其他的发展中国家，东盟许多国家的消费金融服务体系尚不健全，由于缺乏征信数据，消费者难以获得银行信用卡。此外，开设银行账户需要提交大量文件，这一系列繁琐的流程也是人们拒绝办理使用银行卡的重要因素。与此同时，由于东盟银行卡受理市场规模相对较小，银行卡的广泛接受程度尚未完全实现，这直接影响了持卡人使用信用卡的意愿。银行卡的发展基础在于其广泛的通用性，当一个国家的特约银行卡受理商户数量较低时，持卡人会感到使用银行卡存在许多不便，最终仍然倾向于使用现金支付。所有这些因素导致如今的东盟仍然是一个"现金至上"的社会，许多人在线下消费时仍然依赖现金。

近年来，东南亚地区对现金的依赖有下降趋势。据 2021 年东南亚互联网经济报告预计，东南亚地区的现金支付占支付总交易价值的比例从 2019 年的 60%降低到 2025 年的 47%，究其原因有以下几点：

首先，数字支付基础设施不断得到改善。从整体方面来看，东盟各国正持续改进数字支付基础设施和线下支付受理网络，这为数字支付的发展提供了坚实的基础。除了改进本地的数字支付基础设施，东盟各国还在自身发展的基础上逐渐建立跨国迅速转账系统。并且在各国支付网络基本完善的基础上，东盟各国高水平的互联网普及率和智能手机普及率也对数字支付的发展起到了积极作用。根据 Adyen 的研究报告，2015 年，东南亚地区拥有 2.5 亿智能手机用户和 1.42 亿移动宽带用户。截至 2022 年，emarketer.com 指出，东南亚智能手机用户数量达到了 3.2 亿，占互联网用户总数的 88.0%。值得一提的是，新加坡的智能手机普及率接近 90%，平板电脑普及率接近 50%。

其次，东盟各国的电商行业正处于快速发展阶段。根据美国研究公司 IDC 发布的一份由新加坡支付公司 2C2P 委托进行的报告，预测东南亚的电商支出将在 2025 年达到 1798 亿美元。同时预计到 2025 年，东南亚将新增 1.886 亿电商用户。随着新的电商用户加入，数字支付的使用率也将进一步得到增加。据预测，到 2025 年，通过数字支付进行的电商交易将占总交易量的 91%。

再次，公共卫生事件也提高了数字支付的接受程度。公共卫生事件激发了人们对数字化消费的需求，并且持续使用数字服务已逐渐成为东南亚居民的一种新生活方式。根据 2021 年东南亚互联网经济报告，自 2020 年以来，东南亚地区新增了 6000 万名数字消费者，仅在 2021 年上半年就有超过 2000 万人成为新的数字消费者。由于线下活动的停滞，许多消费行为转向线上，并且支付方式也发生了变化，趋向数字支付。随着消费者对数字支付使用频率的增加，也促进了商家对数字支付的接纳程度。尽管当前东南亚各国的线下活动已经逐渐恢复正常，但很多本地用户仍然保留了已养成的支付习惯，坚持使用数字支付。

最后，政府积极支持数字银行以促进数字支付的发展。近年来，东盟各国政府已开始高度重视数字支付领域的发展，为跟上数字化潮流，新加坡、马来西亚和菲律宾等国家近年来陆续颁发了多个数字银行牌照，以进一步完善本地金融网络，推动数字支付的普及。与传统银行不同的是，数字银行不再依赖于实体分行网络，而是以数字化网络为核心，提供包括银行对账、现金提现、支票管理、手机银行、账单支付、金融监控等一系列服务。其中，虚拟银行卡、电子钱包、手机银行等产品是数字银行的数字支付产品。

由此可见，东南亚正逐步迈入数字支付时代，该趋势得益于东南亚支付基础设施的不断完善、电商领域的迅速发展的催化作用，以及政府对金融创新的鼎力支持。2021 年东南亚互联网经济报告指出，东南亚数字支付的总交易价值在 2021 年达 7070 亿美元，预计 2025 年达到 11690 亿美元，年复合增长率为 13%。在可以预见的未来，东南亚的数字支付行业拥有无限可能。

二、面临的问题

第一，各国监管政策存在差异性。受不同地区的政策制约，数字支付安全受到挑战和质疑。在东盟国家间，目前关于数据保密和安全的规则在不同机构类型之间的执行不均衡，一些如小额金融机构、支付服务提供者、金融合作机构等非银行金融服务机构不受这些规则的约束，导致消费者对数字收费的安全性、隐私性和透明度产生了担忧，与数据治理相关的风险也在增加。民族差异、信仰差异、语言差异及历史文化差异使各国在合作中对数字支付的监管政策存在差异，这也是导致东盟数字支付格局高度分散的主要原因之一。

第二，东盟地区本土的支付系统发展较慢，导致当地居民仍旧习惯于现金支付，且由于相关文化惯性的缘故，数字支付普及受阻。即使是在新加坡等银行业普及率很高的国家，仍有 15%～20% 的付款是采用现金支付的。虽然公共卫生事件在一定程度上促使数字支付市场加强对东盟用户的教育，但仍有众多的东南亚受访商家表示对接受电子钱包付款存在忧虑。例如，他们对电子钱包的收款流程不够了解、支付处理的问题较为复杂、费用较高等。

三、合作发展策略

除数据外，数字经济的核心便是数字支付，只有畅通便捷的数字支付才能最大限度地推动数字经济的发展。东盟地区的数字产业目前而言以电商居多，这也同步要求数字支付需要实现一定程度的便捷性。跨境支付是中国—东盟跨境电子商务的核心环节。就目前情况而言，双方的跨境线上支付程序依旧不够便捷，尚未实现"无缝连接"。由于中国与东盟各国之间还未建立健全的外汇合作机制，外汇交易对于各国都存在着较大风险，这就使得货币流通受限，从而影响到顾客的在线购物体验。目前，中国线上支付平台支付宝也仅在新加坡、印度尼西亚、马来西亚、泰国、菲律宾这5 个东盟国家实现自动的货币兑换支付。这令客户在其余东盟国家的跨境线上支付仍面临繁琐的流程，在很大程度上阻碍了数字经济的顺通发展。

不过，恰恰因为东盟地区数字支付产业自身的发展欠缺，才使中国的数字支付产业有机会在东盟数字支付市场大显身手，并成为其海外最大的市场。有关数据显示，2020年，银联虚拟卡在境外新发行超过600万张，其中约350万张落地东南亚。在菲律宾，有超七成商户、超九成自动取款机可使用银联卡。此前，银联国际与菲律宾Cebuana Lhuillier银行达成协议，从2020年12月起的两年内发行600万张银联卡，这是菲律宾首次大规模发行银联卡。东盟地区人口超过6亿，现金交易占比较大，为完善金融服务，很多东盟国家将发展数字支付作为重要目标。以越南为例，从2019年起，每年6月16日被定为"无现金日"，以鼓励减少现金使用。数字支付在东盟地区的推广虽然尚属初期，但发展势头迅猛，并且当地居民也愿意接触数字支付以代替现金支付（见表7-1）。2020~2023年，一项针对越南消费者的调查显示，74%的受访者希望增加无现金支付业务，80%的受访者对数字支付等新型支付方式感兴趣。

表7-1 东盟主要国家数字支付基础

国家	可穿戴设备及手机市场规模	获支付牌照企业	基础网络覆盖率
新加坡	市场规模18亿美元，每年增速超过8%	微信支付、支付宝	4G全城覆盖，5G覆盖率达74%
印度尼西亚	市场规模未知，2020年苹果公司可穿戴设备及手机在该地区增速超6%	微信支付、Lavada	主岛4G覆盖率达90%以上，具备数字支付硬件要求
泰国	市场规模超100亿美元，年复合增速4%	微信支付、Lavada	城区覆盖率达80%以上，农村3G覆盖
文莱	市场规模0.8亿美元，2020年增速突破11%	微信支付、Lavada	5G已全面覆盖，具备数字支付条件
马来西亚	手机市场规模40亿美元，增速2.1%有放缓趋势	微信支付	4G覆盖率超过60%，基本具备数字支付环境

就目前而言，尽管东盟地区的数字支付产业呈现出迅速发展的趋势，但各成员国之间的支付标准不统一、跨境支付不够便捷以及数据安全和隐私保护等问题依旧突出。这些问题的解决需要各国政府、监管机构和企业

之间的合作与努力。中国的数字支付产业作为全球的引领者，在与东盟地区实现合作时，可以将自身的发展经验传授给东盟地区进行借鉴。支付宝和微信支付等支付平台虽然已部分进入东盟各国市场，但仍旧无法完全满足各地消费者日益增长的支付业务。数字支付产业是各数字经济产业的基础，只有发展好了数字支付产业，才能正常实现数字经济的结算功能，同时推动其他产业的数字化顺利进行。在东盟地区，移动支付和在线支付占据了数字支付超九成的市场份额，截至 2021 年，东盟国家数字支付市场价值超过 600 亿美元，在这样的增量市场中，中国的数字支付产业相关企业应当加强与东盟地区企业的联系，通过技术援助和技术交流，促进东盟地区支付产业升级，进一步提高数字支付的普及化和数据的安全性，保障居民的支付安全。这就要求数字技术在数据的获取和储存方面能有安全保障，作为数字经济的重要节点，数字支付对数字技术的要求很高，综合了数据要素各个环节的必要性，东盟地区需要尽快搭建属于自己的支付结转中心，配合超大型数据服务器，助力数字支付的良性发展。同时东盟各国作为同一地区，其经济交流应当更加便捷，因此在未来，中国的数字支付产业可推动东盟地区构建统一的支付系统，将东盟各国的支付体系实现互联互通，真正使东盟地区完成数字产业一体化。这样一来，东盟地区的数字经济产业将只剩下物理空间上的限制，通过搭建好的云计算和大数据服务中心，并且做到数字支付的无阻碍，各国间的交流和投资将更加便利，实现优势的深度融合，推动东盟地区数字经济迈上新台阶。

另外，针对东盟地区数字支付产业的特点，中国可通过银联国际与东盟本地的支付企业进行合作，共同推动东盟的数字支付产业发展。中国的数字支付产业较为成熟，发展的经验可以为东盟地区提供一定借鉴，银联国际与东盟本地的数字支付企业合作时，可将二维码支付和 NFC 无接触支付等技术通过互相交流的方式让东盟地区逐步普及，不仅仅局限于用实体卡的无接触支付。与此同时，银联国际还可以支持中国相关数字支付企业与东盟地区的支付机构进行合作，成立数字支付合资公司，在符合当地政策的情形下更好地推动当地数字支付的发展，以东盟地区的本土数据打造更加适合东盟地区、更具有东盟特色的数字支付系统，减少运营成本，缓解数据处理压力，结合云计算和大数据服务，共同服务于数字经济的发展，助力数字产业的健康成长。这种合资模式还能促进东盟地区电商产业、线上服务产业（如外卖平台）以及其他各类型数字产业的发展，最大限度地促进东盟地区实现产业数字化转型，并且让数字支付这一数字经济发展的枢纽能更好实现其功能，不至于成为数字经济发展的阻碍。同时，中国有关数字支付条约政策可以对东盟地区起到借鉴作用，中国数字支付产业相关企业也可推动东盟地区制定更加完备的条款，令数字支付受到应有的制度约束，让数字技术能在一定程度上发挥最大的作用，避免不法分子利用漏洞损害用户权益，降低数字经济发展遭受潜在损失的可能性。中国的数字支付产业相对而言比较完善，无论是支付方式、支付技术，还是安全性、规章制度，都经过了长时间的发展并且接受了市场的检验，东盟地区的数字支付产业可根据自身发展的需要并参考中国的数字支付产业发展路径，因地制宜地发展东盟地区的数字支付模式。中国也应积极为东盟地区提供帮助，从搭建统一支付平台开始，推动东盟地区实现数字支付便捷化与安全化，减少因支付系统给东盟地区带来的数字经济发展的阻碍，为东盟地区产业数字化发展保驾护航。

综合来看，东盟各国对支付牌照的限制以及部分国家网络渗透率较低、网民人数较少、用户对移动数字支付意愿低且存在安全性疑虑，是中国数字支付产业在东盟市场发展的主要障碍。为促进数字支付产业进军东盟市场，当务之急在于：第一，推动建立面向中国—东盟的区域性跨境支付业务平台，共同完善东盟一体化电子支付网络，不仅局限于服务出国旅游的中国游客，而是面向整个东盟提供灵活币种及实时汇率结算服务。第二，运用中国企业丰富的数字支付经验，从东南亚大型商户商超、地铁、停车场等人流量大的日常服务入手，开辟自助缴费结账业务，充分展现数字支付方便快捷安全的优势，吸纳更多用户加入。第三，面对全球正在逐步减少现金使用的时间窗口，加快东盟市场移动支付与跨境电商的生态融合，推广电商网购平台与网上数字支付平台绑定融合，逐步取消货到付款。第四，针对部分东盟国家网络低渗透率问题，可采取街头宣传，商超活动等方式赠送手机接入移动网络，扩大东盟数字支付受众群体。

第二节 智能制造产业

一、合作发展现状

数字技术的进步不仅要带来数字经济的持续发展，更需要利用数字技术打造适合不同行业的智能产品，让数字化能直观地表现出来，即促进制造业的数字化。智能制造涉及的行业众多，几乎所有希望实现产业数字化的行业均可利用智能制造实现自身的发展。就目前而言，新加坡是东盟地区智能制造产业的引领者。新加坡持续推动国内行业的数字化转型，推出一系列"数字化蓝图"，涵盖能源化工、航空业、医疗保健等 23 个具体行业。2020 年，新加坡启动"研究、创新与企业 2025 计划"，预计在 5 年内投入 250 亿新币，希望强化数字化创新与研发，助力智能制造的成果涌现；2021 年，新加坡公布了"制造业 2030 愿景"，提出到 2030 年，将新加坡打造成先进制造业的全球业务、创新与人才中心，在未来 10 年继续争取 50%的增长。这些举措的颁布施行彰显新加坡在智能制造方面的发展决心，也表明其希望在数字经济时代来临之际，加强自身制造业数字化转型，实现制造业的先进化和高级化，助力其他数字经济的良好发展。另外，越南也颁布了一系列智能制造相关领域的发展计划，旨在顺应新一轮科技革命与产业革命。2020 年，越南发布《至 2025 年国家数字化转型计划及 2030 年发展方向》，为越南未来若干年产业数字化发展指明了方向，引领着越南数字化转型的进程，同时使各产业在这一纲领性文件中有了明确的发展目标。2021 年越南还通过了《2021–2025 年经济结构调整计划》，采取一系列措施推进产业结构调整，旨在让数字技术能更好地推动产业的数字化转型，实现产业的良性发展。不仅如此，越南还积极引入外部资源，以此带动本土制造业的转型发展，并构建数字化转型新优势，仅2021年就有100个国家和地区对越南进行了投资，苹果、三星、英特尔等巨头企业均加速在越南市场的布局，越南则很好地抓住这一契机，在当地政府相关政策的推动下，让制造业企业在全球知名企业的带领下实现数字技术的普及，并以此带动制造业的数字化转型，推动打造智能制造的新业态。同时，像泰国、马来西亚等东盟国家也相继推出自身的制造业发展战略，如"泰国4.0战略"旨在将泰国打造成为智能制造产业的中心，吸引更多的外资进入泰国，同时加强对本土企业的支持，希望能以此带动泰国的制造业实现一定程度的智能化发展，在数字技术的加持下，实现数字化转型。

二、面临的问题

第一，由于制造业普遍欠发达，东盟地区的智能制造行业面临基础薄弱的问题，发展数字化智能装备的前提需要解决现有低端制造的短板，这对大力发展智能制造业形成了阻碍。受限于经济发展水平，东盟大多数国家的产业体系都相对不够先进，尚未成功实现产业转型，导致数字技术无法与制造业实现有机融合。

第二，相关产业链不够完善，智能制造配套的零部件产能无法跟上，限制了制造业数字化的发展，同时因为数字化基础设施建设较弱，制造智慧化、自动化程度难以大幅提升，无法对智能制造业的发展形成良好的促进作用。智能制造要求产业链各环节的紧密相扣，任意环节的发展受限都会影响整个产业上中下游的升级。中国在东盟地区布局智能制造业，需要同步关注配套零部件厂商的转型升级，避免智能制造产业链的发展受到基础配套产品的限制。

第三，人工智能技术在东盟地区制造业的应用尚处于起步阶段，相应的数据采集、通信、物流、供应链服务等配套程度较低，智能制造的产业化进程缓慢。在东盟国家，采用人工智能和物联网仍以一种自然而然的状态存在，只有少数规模较大的公司，如泰国食品和饮料集团 ThaiBev、马来西亚汽车制造商 Proton 等有计划将工业 4.0 技术引入其工厂。东盟地区智能制造及相关配套推进力不足，弱化了中国企业的投资意愿。

三、合作发展策略

中国智能制造相关企业在与东盟地区的交流过程中，应注重东盟不同国家的制造业短板，以实现对东盟不同国家的对应布局。一是利用东盟市场发挥我国智能制造相对领先优势，进行产业布局，本质上是向东盟提供智能制造产品。二是发挥数字技术进步作用，将数字技术渗透进不同行业中，推进东盟各国制造业的数字化转型，实现制造业的智能化发展，本质上是中国向东盟的数字技术转移和转化。

就东盟地区整体而言，数字技术的普及普遍欠缺，智能制造能发挥作用的领域较多，鉴于目前东盟各国数字化发展主要以电商为主，中国智能制造企业的关注点可以落在电商及相关产业链的配套设施上。就电商而言，智能制造可在仓储中转、物流运输、快递配送等方面大有作为。在仓储中转过程中，中国的智能制造企业可与东盟地区的企业分享国内大型物流中转仓建设及智能技术应用经验，助力东盟国家中转仓实现无人化和智能化。同时，中转仓可以在大数据的支持下实现更高效率的运转，使电商行业减少货物储存在仓库内的时间，更快速地对相应订单进行即时响应。在物流运输过程中，数字技术可以让运输更加智能化，实现更高程度的无人化，减少人力成本；同时，让智能运输实时接收数据中心反馈的数据，优化自身运输线路，保证运输的效率。在快递配送方面，中国的智能配送发展较为迅速，许多城市实现了无人配送，因此中国的相关企业可以与东盟国家的企业进行合作，搭建东盟地区的智能配送系统，让配送变得更加智能化，不仅能进一步降低人力成本，同时可减少用户的等待时间，提高网购的幸福感，这也是数字技术为电商带来的直观进步。电商行业除了在上述三方面能实现较大程度的智能化以外，相关的数字技术还能应用到电商企业的生产链上，在产业园区内实现高程度的自动化，真正做到电商全产业链的智能化。

除此之外，中国的智能制造业还需将目光投向数字游戏与医疗行业。在数字游戏行业中，随着云游戏的兴起，人们更加追求游戏带给自身的真实感受，因此智能穿戴设备会因此而受到追捧。中国的智能制造企业可与东盟地区的游戏企业进行合作，打造相应的智能穿戴设备，以此促进游戏行业的发展。同时，也可以与东盟地区的相关制造企业合作，共同开发AR/VR设备，做到"虚拟+实际"的双重高品质体验，努力实现数字技术在游戏行业的成功应用，促进智能制造对游戏市场的加速渗透。在数字医疗行业，智能制造技术的应用则更加普遍。无论是AI诊断，还是智能配药系统，都是数字技术叠加制造业所实现的。另外在医疗领域，还应科学运用3D打印设备提高诊断效率，提高相关患者的治愈率，例如，3D打印技术能更加智能化地生产出适合不同患者的支架，帮助患者恢复。总之，中国智能制造企业应加强与东盟地区相关企业的沟通，将中国的智能制造优势与东盟地区的实际市场需求紧密结合，推动制造业在不同领域的数字化转型，实现多领域的数字化发展。同时像交通、教育等领域，智能制造也可以从无人驾驶、AI机器人等方面发挥数字技术进步的作用，将智能化发展渗透进不同行业中，推进东盟各国制造业的数字化转型，实现制造业的智能化发展与生产生活的智能化。

智能制造装备方面，中国进军东盟市场也具备了良好的产业基础，可主要布局在马来西亚、泰国、菲律宾（见表7-2）、印度尼西亚、新加坡、越南等国家。其中，马来西亚的工业化程度仅次于新加坡，半导体产品出口额位居世界前列，尤其在封装测试方面，马来西亚的占有率达到27%（见表7-3）。印度尼西亚制造业增加值占GDP比重达19.7%，是东南亚最大的汽车市场，汽车产量仅次于泰国。越南在2020年电子产品（含智能手机、计算机等）出口额达955亿美元，占出口总额的34%。中国智能制造装备产业进军东盟市场面临的竞争主要来自日本、德国的工业机器人和数控机床巨头（如山崎马扎克、德国通快、安川电机）以及集成商（如德国科马、德国徕斯）。另外，东盟当地政府对于制造业转型升级和地方就业率的考量也成为挑战之一。

表7-2 菲律宾主要电子及半导体生产企业

公司	工厂性质	市场方向
三星电机	MLCC	MLCC 工厂涵盖前后端制程
村田电子	MLCC	主要生产智能手机等电子产品所需电容器
太阳诱电	MLCC	主要方向为小尺寸 MLCC 高端市场
德州仪器	封测	封装业务占德州仪器全球产量的 40%
Amkor	封测	一般封装与测试

表7-3 马来西亚主要电子及半导体生产企业

公司	工厂性质	市场方向
英飞凌	封测	晶圆制造、半导体芯片组装与测试
英特尔	封测	处理器在马来西亚约占 CPU 后端产能的 50%
日月光	封测	专注于 IDM 厂及汽车电子芯片封装业务
意法半导体	封测	高效封装测试
瑞萨	晶圆制造	主要负责处理器、芯片组和其他产品的封装与组装
环球晶圆	晶圆制造	主要制作 6 寸晶圆

中国对东盟国家智能制造装备的高层次布局可以分三种：第一，对于泰国、印度尼西亚等汽车生产国，可依托国内中游装备企业（如美的库卡、科大智能、京东方等），从多关节工业机器人、通用工业机器人和数控机床等方面进行部署，提供智能工厂整体解决方案；第二，对于以电子组装、半导体封装为主体的马来西亚、泰国、越南等国，可重点进行核心传感器、控制器和人机交互系统的产品布局，推广"熄灯工厂"模式；第三，对于新加坡等制造业较为发达的国家，可借助 3D 打印设备和智能交互设备来展开产业布局，满足其国防、医疗、海事、油气等行业的客户需求。

第八章　中国—东盟成长扩张型
数字产业合作

　　智慧医疗是数字技术向医疗行业的延伸，是数字技术提升人类幸福感的直接体现，而5G技术的推广和应用正引领着新一轮的信息技术革命，卫星互联网则为全球通信提供了新的可能。随着全球数字化趋势的深入演进，中国与东盟国家在智慧医疗、5G与卫星互联网等数字产业领域携手成长共同扩张、合作越发紧密，是推动双方经济高质量发展的新动力。本章将重点探讨中国—东盟在这些数字产业领域的合作现状、面临问题及合作发展策略，深入探讨如何为区域经济的繁荣和人类的福祉做出更大贡献。

第一节　智慧医疗产业

一、合作发展现状

　　医疗行业的数字化可以缩小医生与患者之间的信息差，并且通过大数据的加持，可以提高从前疑难杂症的治愈率，这对医疗行业而言具有正向促进作用。就目前情况来看，东盟地区的智慧医疗产业还处于初级发展阶段，但增长势头强劲（见表8-1）。不过受制于技术水平、资金投入和政策支持等因素的影响，东盟地区不同国家之间的智慧医疗发展水平存在较大差距。例如，在新加坡，由于自身经济的迅速发展，加上外资的青睐，医疗产业得以迅猛发展，并且政府在照顾居民医疗保障方面大力支持，使得智慧医疗产业发展较为领先，已经建立了一系列基于数字化和信息化的医疗保健系统，让新加坡的居民在医疗方面享受到较高的数字化服务体验。而在越南、老挝等相对欠发达的国家，整体的医疗体系建立相对落后，医疗产业的发展也在东盟地区处于落后水平，因此叠加数字化技术的智慧医疗产业的发展更加欠缺。东盟地区的智慧医疗产业发展不平衡恰好体现出其市场需求的广阔，在数字经济不断深化发展的当下，医疗智慧化是医疗产业发展的必经之路，也是利用数字技术促进东盟地区医疗产业发展的最佳选择。以印度尼西亚为例，该国人口众多，医疗需求非常大，但医疗资源相对匮乏，当地政府大力推进智慧医疗的发展，希望通过信息技术和远程医疗的手段，提高医疗服务的效率和质量，提高居民的医疗体验；泰国政府也制定了医疗产业的相关政策，鼓励私人医院和诊所采用信息技术和电子医疗记录，利用好数据这一生产要素以更好地服务于患者，避免每次到医院都不清楚患者的病情，也规避了纸质医疗记录不清晰、易丢失、难保存等弊端；而在马来西亚，政府则鼓励医疗机构采用3D打印技术，提高制定个性化医疗方案的能力。由此可见，虽然东盟地区的医疗发展水平亟须提高，但各地政府均出台了对应政策，希望当地的医疗机构能够利用数字技术提高医疗的智慧化程度，并以此增进居民的医疗幸福感（见表8-2）。

表8-1　东盟部分国家的医疗市场及制药市场规模现状

单位：亿美元，%

国家	医疗设备市场规模	年均增长率	制药市场规模	年均增长率
印度尼西亚	15.2	15.0	106.0	10.0
马来西亚	52.3	39.2	31.0	8.0

续表

国家	医疗设备市场规模	年均增长率	制药市场规模	年均增长率
泰国	18.9	8.1	141.0	6.7
菲律宾	8.2	8.1	38.0	9.4
越南	7.8	17.0	52.0	13.8

表8-2 东盟主要国家的现行医疗服务战略

国家	医疗服务战略
新加坡	"3beyonds"、四级医疗+CSDT 标准
泰国	泰国医疗中心建设战略计划（2017~2026 年）
印度尼西亚	全民健康保健计划
菲律宾	BFAD 健康体系
越南	国家医疗保健系统+私人医疗保健部门

东盟智慧医疗市场潜力巨大。近期研究表明，全球 3.7 亿糖尿病患者中近 2 亿在亚洲，印度尼西亚在世界糖尿病患者数量上排名第七，马来西亚每 5 个 30 岁以上人中就有一个有糖尿病患者，越南、菲律宾预计未来 20 年也会有越来越多的糖尿病新增患者；菲律宾骨质疏松的高危人口数量预计将从 2020 年的 400 万人上升至 2050 年的 1020 万人，越南在 2050 年也将有超 700 万妇女会陷入罹患骨质疏松的风险。目前，东盟经济相对发达或人口密度大、人口总量多的国家如新加坡、泰国、印度尼西亚、菲律宾、越南等都制定了面向未来的医疗服务战略，医疗产品与服务需求将呈现指数级增长，如拥有 6700 万人口的泰国人均医疗保健花费从 2002 年的 73 美元上涨至 2020 年的约 340 美元，马来西亚年人均医疗保健消费也超过了 360 美元。为此，中国智慧医疗产业应在印度尼西亚、马来西亚、泰国、新加坡、菲律宾和越南进行重点布局。目前面临的主要竞争为该类型的独角兽企业平台，如新加坡的 Docquit、马来西亚的 BookDoc、泰国的 Doctor Raksa 等。同时，由于市场尚未成熟、规范，仍存在不合规用药、欺诈、信息泄露等待改善的问题，部分东南亚国家对发展远程医疗持相对

谨慎的态度，以及要面对东盟医疗器械产品工作小组（MDPWG）最新的条例草案——东盟医疗器械指令（AMDD）在产品注册、质量控制和进入市场前的统一监管。此外，美敦力、罗氏、拜尔、辉瑞、默克等全球知名药企对东盟市场的持续投入，使其在糖尿病等重点疾病检测和治疗产品上占据了主要市场份额。

2021 年 12 月，在华为技术支持下，泰国玛希隆大学附属诗里拉吉医院、泰国国家广播和通信委员会与华为泰国公司联合启动了 5G 智慧医院项目，这一项目成为东盟首个 5G 智慧医院项目。5G 智慧医院项目引入了 5G、云计算和人工智能等前沿技术，旨在推动泰国医院的智能化改造。泰国总理巴育表示，泰国政府一直致力于推动各行业数字化转型和数字经济的发展，以提升国家竞争力。中国驻泰国大使韩志强则表示，5G 智慧医院项目是中泰两国合作开发医疗和公共卫生技术的典范，两国在智慧医疗领域的合作前景非常光明。中泰 5G 合作已经成为地区的典范，为泰国成为东南亚最早实现 5G 商用的国家提供了有力支持。

二、面临的问题

一是由于东盟不同地区的医疗政策差异，无法形成普遍可行的智慧医疗模式，医疗智慧化的发展容易遇到瓶颈，短期内难以突破阻碍。东盟地区医疗制度的国别差异使得医疗资源的区域流通较为不便，智慧医疗基础设施建设整体滞后，大规模的智慧医疗方案无法有效推进。

二是东盟地区医疗设备仍较为落后，医疗智能化程度低，无法达到智慧化发展的基础，升级所需成本较大。东盟地区的经济发展水平偏低，居民的整体卫生习惯和素质有待提高，医疗卫生设施和医疗资源无法承载智慧医疗所需要的相关条件，就诊数字化模式的基础软硬件环境尚未形成。

三是由于 5G 基站等基础设施建设和普及度较低，远程医疗协助等医疗模式难以为继，相关智慧医疗方案的发展受到制约。远程医疗的实现依赖于 5G 等低延迟的高速网络，但东盟地区的互联网基础设施建设较为欠缺，无法保障智慧医疗的稳定程度，难以真正促进智慧医疗的发展。

三、合作发展策略

中国作为全球医疗智慧化程度较高的国家之一，在智慧医疗领域有着较成熟的业务模式及丰富的创新经验。目前国内的三甲医院普遍都采用了无纸化病历模式，也避免了线下挂号的形式，患者的病历记录储存在医院的系统内，若医院之间共享数据，则能实现患者的病历互通，可大大简化患者的就诊流程。中国相关的机构可将类似的基础智能化体系在东盟地区的医院进行推广普及，与当地的医疗机构一起合力打造适合当地的智能化医疗服务体系，从智能出发，再进一步利用数字化技术，促进智慧医疗产业的发展。中国的医疗模式经过东盟地区的本土化改良后可以应用到当地医院，利用5G技术开展双边医疗合作，实现跨国就诊，让线上实时医疗成为可能。同时，中国与东盟地区医疗机构可加快双边智慧医疗基础设施的建设，共同打造相应的配套设施，装配高清摄像头、精密传感器和智能化医疗器械，让线上医疗实现远程操控，让远程手术成为可能。为此，还需要中国与东盟双方政府的支持，出台相关的法律法规，规范医疗行业的类似行为。智慧医疗不仅是让患者就诊实现便捷化，更重要的是利用数字技术改变传统的就诊模式，让患者能充分感受到数字经济时代下的技术进步，并让自身的疾病有更多被治愈的可能。

在推进东盟地区医疗智慧化的进程中，中国的相关医疗机构应注重利用数字技术实现当地医疗资源的高效分配。在数字技术的加持下，医疗物资的高效精准分配实现可能，这将大大提高医疗救助的效率。中国相关机构可推动东盟地区建立专门的医疗物资调度分配数字平台，使东盟国家可以精确地掌握各医疗物资生产企业的实时产能以及各医疗机构对于物资的需求，并且利用云计算，分析出最优的分配方式，同时在平台内调度相关的物流线路，实现数字技术的智慧化处理，完成资源的高效配置，使医疗物资更为迅捷地到达患者手中。这类数字平台的搭建也能使中国的医疗机构更加精准地为东盟各国提供医疗援助，避免盲目援助，减少医疗资源的浪费。除平台的搭建外，中国对东盟地区的医疗智慧化促进还需要体现在相关的医疗救助设备上，利用数字技术设计出更加智能的医疗设备，旨在提高医疗机构对患者的救助效率。东盟地区人口众多，医疗资源匮乏，如果让医生做到每位患者都亲力亲为，是不太现实的，基于此，中国的医疗机构可以推动东盟国家推广"AI+医疗"的诊断模式，利用大数据和云计算技术，让人工智能针对患者的病情做出初步研判，并以此用最为快捷的方式给予患者精确的诊断。不少患者的病因相似，导致的病情也相似，此时大数据技术就体现出其优势，人工智能对海量患者数据进行学习之后，对类似的病情可做出准确的研判，减少医生的工作量，而对那些无法准确给出准确判断的患者，AI可为医生提供多种可能的病因，医生可根据患者的实际情况和AI给出的病因建议做出综合研判，同时将就诊数据反馈给AI的数据集，实现再次学习，从而让人工智能在不断学习中强化自身的智慧化程度。此外，人工智能可以与机器人相结合，形成AI配送机器人，这类机器人可以实现药物配送过程人员"零接触"，最大限度地降低医疗机构中医务人员与患者之间的交叉感染，并且提高药物的运送效率，实现医疗资源的最大利用率。另外，无论医疗智慧化的程度有多高，医疗的核心在于医务人员，因此中国的医疗机构与东盟各国的医疗机构进行合作时，也要注重对医务人员的培训，加强相关人才的培养，让更多具有智慧医疗经验的医务人员上岗，为东盟地区的医疗机构提供更加高效的服务，从而更好地发挥智慧医疗的作用，实现数字技术推动医疗行业的智慧化进步，完成东盟地区医疗行业的数字化转型。

中国智慧医疗产业在东盟国家的布局可从两方面展开：一方面，针对东盟各国关键病种的健康医疗需求实施精准医疗和健康管理，推出定制化的医疗产品和服务。其发展模式可分三步：第一，寻求与东盟国家当地平台在医疗资源上的合作（如Grab与平安好医生合资成立了东南亚首家在线健康服务公司），提供以AI辅助线上问诊、线上购药和挂号预约等"一揽子"综合性医疗服务，并针对各国病例特征和医疗习惯开发投放基于数据互联的智慧医疗设备及器械；第二，培育国内轻量级医疗服务平台填补医疗资源空缺，提供包括客户医疗应用程序、患者门户网站、个性化数字信息包和自我检查等全渠道病患体验，使医疗保健提供方能够提供更高效的个人健康解决和护理方案；第三，融合多智慧医疗平台企业优势，利用 AI、云计算、大数据、区块链、物联网等数字技术对患者数据源进行安全分析、存储与监测，为疑难病新疗法、创新药及精密医疗器械开发提供充分可信的临床数据，实现系统级智慧医疗服务布局。另一方面，在医疗服务覆盖不全面、医疗基础设施建设不完善的国家，利用已较为成熟的数据分析模式和价格优势，针对普通居民展开智慧医疗服务模式探索，着重于一般疾病问诊、线上药物购买及配送等服务。

第二节　5G 与卫星互联网产业

一、合作发展现状

2020 年 7 月 31 日，中国宣布北斗三号全球卫星导航系统正式启用，这个由中国自主建设的系统成为继美国 GPS 等系统之后，又一个能够为全球提供高质量导航定位服务的系统。随着 5G 时代的到来，互联网时代也逐渐演变成了物联网时代，因此对于时间和位置信息的要求也随之提高。在可预见的未来，唯有卫星导航系统才能够提供更高精度的位置和时间信息，因此，北斗和 5G "一拍即合"，北斗作为全球性、高精度的时空基准，其高精度导航增强技术与 5G 在需求和技术上天然融合，能够相互促进、互相增强。

5G 技术在 21 世纪的历史进程中产生了深远的影响。5G 技术的发展不仅是通信领域的进步，更是对人类社会的各个领域都产生了深远的影响。5G 技术的演进将推动数字化和智能化的发展，改变人们的生活方式，提高社会运行的效率，并促进各行各业的创新和发展。因此，各国都在积极推动 5G 技术的部署和应用，以适应未来数字化社会的需求。当前，东盟各国都在积极争取 5G 技术所带来的机遇，并迅速将技术的进步应用于经济转型升级，以促进本地区经济长期快速增长。以下是东盟部分国家 5G 技术的研发现状（见表 8-3）。

表 8-3　东盟主要国家 5G 技术相关信息

国家	5G 研发现状	采购 5G 设备的路径
越南	2023 年越南已经为 5G 网络部署了频段。截至 2023 年越南的 5G 仍处于网络测试和翻译阶段，但在未来 2～3 年，当 5G 部署过程进入大规模阶段时，发展速度将非常快	非中国
柬埔寨	柬埔寨是东盟最先使用 5G 的国家，但目前 5G 还处于初步测试层面	中国
马来西亚	截至 2023 年 5 月 31 日，马来西亚 5G 普及率达 62%，涉及 5058 个 5G 网站，并有望于 2023 年底前实现至少 80% 的 5G 网络普及率目标	未做出选择
泰国	2022 年底，泰国 5G 用户数达到 1000 万，5G 覆盖率达全泰国人口的 85%	中国
印度尼西亚	印度尼西亚早在 2017 年就进行了 5G 的初步测试，但目前印度尼西亚 5G 还处于孵化期，5G 覆盖率低，内部频段管理问题还未捋顺，印度尼西亚主要电信运营商仍在观察形势，均未决定 5G 主供应商，不急于做出选择	未做出选择
菲律宾	2019 年 6 月，菲律宾电信运营商 GlobeTelecom 公司在马尼拉地区正式推出商用 5G 服务，该公司称这不仅在菲律宾，而且在整个东南亚地区都是第一次实现 5G 商用。目前菲律宾 5G 业务普及缓慢	中国
新加坡	新加坡当前新电信的 5G 网络已覆盖全岛 95% 的地区，成为全球首个全国都有独立 5G 网络的国家	非中国

资料来源：《东南亚国家发展 5G 技术的现状与前景》。

以华为为代表的通信巨头在 5G 全球行业应用场景上的不断积累验证了该技术的卓越新能力和巨大商业潜力，5G 在亚太地区医疗、港口、矿业、制造业、教育等行业的商业探索和部署进程正在提速，成为推动亚太地区数字经济发展，尤其是工业 4.0 发展的核心引擎。据 GSMA 预计，到 2025 年亚太地区将有 12 亿的 5G 连接，约占总连接数的 25%；从互联网到制造业，5G 将会释放 40%～50% 的价值资产。

随着北斗导航系统的全面建成，中国如期成为世界上第三个独立拥有全球卫星导航系统的国家。北斗三号全球卫星导航系统的正式开通开启了全球化、产业化的服务新征程，面向东盟的空间信息产业布局时机和技术条件已经成熟。在北斗导航系统的支持下，数字技术能得到更大程度的应用，卫星互联网也能因此发挥更大的作用。在卫星互联上，东盟地区的相关发展较为不平衡，尽管新加坡拥有先进的科技水平和充足的资金投入，其卫星互联网产业发展相对成熟，并且出台了相关政策，明确提出要提升卫星互联网的覆盖范围和速度，为行业发展提供了清晰的发展蓝图，但老挝、柬埔寨等国家的卫星互联网发展受技术水平和资金投入的制约，难以得到有效发展。另外，马来西亚和泰国等国家相继出台有关政策，鼓励卫星互联网产业的发展，以提升本国通信基础设施的水平。卫星互联网作为能将数字经济时代下各个产业结合起来的要素，其重要性不言而喻。东盟地区由于经济发展的原因，难以实现每个国家都拥有独自的卫星互联网，而且也不适合东盟地区作为一个区域实现联合发展。背靠北斗系统，中国的卫星互联网发展在全球居于领先地位，这就使得在与东盟地区针对卫星互联网的合作之中，可充分发挥北斗系统的优势，全力构建东盟区域的卫星互联网络体系。

二、面临的问题

一是受东盟国家的政策制约，5G 和卫星互联网的产业布局程度低，未形成惠及整个东盟的大网络。由于东盟国家众多，不同国家间的通信及卫星产业发展不均衡，使得东盟地区的卫星互联网发展呈点状，无法充分发挥区位优势。5G 问题日渐地缘政治化、泛安全化，东盟内部也缺乏对5G 技术发展前景的共识和政治支持。东盟各国应采取更加包容的态度进行数字产业的合作，力争最大限度发挥地理优势，促进东盟地区的协同发展，同时中国在助力东盟地区发展时，可提供产业发展政策，推动东盟地区在设备购买、区域规则制定等方面的进一步开放。

二是中国相关企业在协助东盟地区的卫星互联网行业发展时，主要面临起点低、起步慢等问题，同时由于 5G 和卫星互联网相关产业链发展的滞后，配套基础设施的需求无法满足。具体表现为，5G 和光纤网络、新型算力、区块链以及卫星定位、导航、授时综合服务体系等关键技术引进开发和基础设施建设滞后，无力支撑东盟地区 5G 和卫星互联网产业及相关应用产业链的商业化布局和发展。中国在协助东盟地区完善 5G 和卫星互联网相关产业链时，可利用自身的发展经验，为东盟各国的发展扫除障碍，摆脱发展困境，解决发展难题。

三是出于国家安全考虑，东盟各国现有的政策壁垒使 5G 和卫星互联网的应用受到制约，很难做到与欧盟一样的互联互通，相关的产业应用也同步受到阻碍，无法形成很好的正反馈，极大地限制了 5G 和卫星互联网的实时联通功能，数字技术对区域经济发展的促进作用也面临限制。东盟地区特殊的地理位置使各国之间需要加强互联互通，以积极的态度消除政策壁垒，共同建设大范围 5G 和卫星互联网，利用数字经济发展把握区位优势下的协同进步，突出体现东盟各国的互利互惠，充分发挥 5G 和卫星互联网对经济的促进作用，并以此为契机，将数字技术进一步普及，推动东盟地区的经济跃迁。

三、合作发展策略

中国的卫星互联网产业在与东盟各国进行交流时，要充分发挥广西的地理优势，旨在将广西打造成面向东盟区域的窗口，使广西成为东盟各国卫星互联网的接口。要积极争取在南宁设立区域性国际互联网出入口局，以北斗系统为支撑，全面构建面向东盟的国际通信大通道，加快面向东盟国家国际互联网数据专用通道运营推广，打造中国—东盟信息交流"快速通道"和区域一体化"信息高速公路"，提升中国与东盟国家的国际互联网通达能力。同时，要健全面向东盟的空间信息走廊和北斗定位、导航、授时综合服务体系，开展高分卫星、北斗卫星应用示范和海外推广工作，让卫星互联网在东盟实现专业网络覆盖，实现中国与东盟之间的信息交流互联互通。面向东盟，背靠广西，打造卫星互联网产业，也旨在强化中国—东盟信息港南宁核心基地的龙头带动作用，加快推进南宁国家级互联网骨干直联点等链接东盟的关键数字基础设施建设，推动"南宁渠道"数字化升级，形成面向东盟的国际通信网络节点和信息服务枢纽，以更好地实现东盟区域的卫星互联网络体系搭建。另外，在推动东盟区域卫星互联网发展的同时，也需要积极对接引进粤港澳大湾区和长江中下游城市群先进企业，让广西作为连接窗口与东盟区域一起实现数字经济的快速发展，享受数字经济带来的发展红利，并且与新加坡、马来西亚、柬埔寨、老挝、缅甸等东盟国家联合开展新型算力基础设施合作布局，打造中国—东盟"智能计算"国际服务走廊，充分发挥卫星互联网互联互通的优势，最大限度地促进数字技术的升级换代，刺激数字经济的良性发展。同时，也要充分利用中国—东盟信息港论坛，积极开展互联网协议第六版（IPv6）部署应用国际交流合作，鼓励企业积极参与数字东盟普遍服务、先进计算设施、5G和光纤骨干网等重大项目建设，在卫星互联网的加持下，探索扩大高速互联网接入、连接和普及的形式，依托西部陆海新通道建设，加强中国—东盟数字基础设施互联和信息互通合作，共建共享信息、数据、交通、能源、物流的"虚实融合"国际大通道，发展中国—东盟知识共享和信息交流载体，深化中国—东盟区域一体化"信息高速公路"，打造中国—东盟"陆海空天"数字枢纽。

除依托北斗系统来促进东盟区域的卫星互联网产业发展外，中国也可以与东盟各国的相关企业进行经验交流，培养卫星互联网的专业人才；同时帮助东盟区域整合卫星互联网领域的资源，搭建共享平台，促进东盟各国之间实现资源共享和优化配置；并且中国还可以向东盟国家提供商业航天发射服务，推动国际商业航天市场的发展，以此带动东盟区域构建独自的卫星系统，实现区域的互联互通。但无论是哪一种方式，卫星互联网产业的深度融合都是东盟数字经济发展必不可缺的重要环节。中国的卫星互联网产业相关企业在促进东盟区域搭建卫星互联网体系时，需要结合当地数字经济的特点，因地制宜实现差异化搭建，促进卫星互联网与当地各产业进行深度融合发展，推动不同领域的数字化升级，实现全行业的数字化。

当然，在当前错综复杂的国际政治经济嬗变格局之下，北斗导航系统在东盟地区的推广运用仍需打破美国 GPS 的垄断，5G 设备与通信技术标准也受到高通、爱立信等公司的强劲竞争压力，2022 年高通 5G 基带芯片业务的全球市场占有率高达 60.9%。推动北斗与 5G 的融合应用，是化解上述挑战、构建兼具服务差异化和低成本的空地通信生态系统的关键途径。中国在东盟国家推广北斗与 5G 融合的最大瓶颈是 5G 基站的当地建设与运营维护成本较高，地图测绘可能会遇到当地道路交通不成熟、部分国家水域复杂等问题，还面临美国"清洁网络"计划的阻挠，东盟各国在 5G 技术发展前景和设备采购上也缺乏共识（见表 8-4）。

表 8-4　东盟主要国家 5G 建设情况

国家	5G 供应商	5G 覆盖率	覆盖预计
新加坡	爱立信、诺基亚、华为	74%	2025 年达 100%
文莱	爱立信	100%	已全面覆盖
马来西亚	爱立信	10%	2024 年 80%
泰国	爱立信、华为、中兴通讯、诺基亚	0%	2023 年商用，2027 年前 98%
印度尼西亚	中兴通讯、诺基亚	8%	尚未确定
菲律宾	华为、Dito、诺基亚	94%	2023 年 100%

中国推动 5G 和卫星互联网技术在东盟产业链融合落地，首批可布局新加坡、文莱和马来西亚，后可拓展至泰国、印度尼西亚和菲律宾，主要推行策略有：第一，在"小而富"的国家以低成本布局 5G 基建，以民用导航为切入点，以导航功能为核心，利用 5G 网络超快数据传输特点，充分发挥北斗三频信号和无源定位的后发优势，提供相比 GPS 更稳定精确的导航服务；同时辅以当地购物、餐饮、网约车等平台生态功能的接入，充分实现服务本土化，既能利用广告收入回流基础设施建设成本，又可增强用户黏性。第二，在 5G 覆盖面积较大、人均汽车保有量较高且交通设施完备的国家推动北斗主导的自动导航，借助 5G 低延时高带宽实现 L4-L5 级别的自动驾驶，形成前沿技术示范效应。第三，待东盟 5G 基础设置

建设成本下降后，将其与北斗融合的服务范围扩展至工业互联网、人工智能、云服务、物联网、智慧城市等领域，带动国内相关设备、技术、人员、服务的大量输出。第四，力推中国与东盟北斗及 5G 运营商、系统集成商、云服务商、设备商、制造商以及行业企业进行跨界生态合作，合力研发制定行业标准，充分挖掘和验证行业应用场景，开发端到端多行业应用解决方案，提升技术融合的性能和效率。

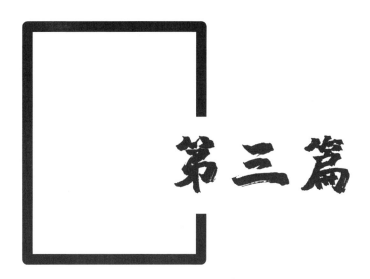

第三篇

对策建议篇

第九章 以中国—东盟数字命运共同体建设引领合作方向

在全球数字化转型的浪潮中，中国与东盟的合作正迈入一个新的阶段——数字命运共同体的建设。这不仅代表着双方共同应对数字时代挑战的决心，也象征着通过深化合作共同分享数字红利、促进区域繁荣的美好愿景。但中国—东盟数字命运共同体的建设也是一项长期而艰巨的任务，需要双方共同努力、持续推进。

第一节 推动建设中国—东盟数字命运共同体

2013年10月，习近平主席在印度尼西亚国会演讲时，第一次正式提出了推进中国—东盟命运共同体建设的倡议，十多年来，中国—东盟命运共同体建设取得了卓越成效，形成了包含中国与东盟组织合作，中国与东盟间次区域合作，中国与东盟国家双边合作，中国区域、省域甚至村域与东盟国家之间合作的多层次合作体系（翟崑和陈旖琦，2020），在政治互信、经贸合作、人文交流方面取得了重大进展和丰硕成果。中国—东盟数字命运共同体是中国—东盟命运共同体的重要组成部分和最新进展。第一，借鉴命运共同体的概念，中国—东盟数字命运共同体是指依托先进的数字技术而搭建起来的覆盖中国—东盟之间的数字交往网络，并将中国与东盟各国、各民族、各人民纳入其中，形成相互联系、互动联通、命运与共的共同体体系①。第二，正如习近平总书记指出的，数字技术正以新理念、新业态、新模式全面融入人类经济、政治、文化、社会、生态文明建设各领域和全过程，给人类生产生活带来广泛而深刻的影响。在中国与东盟的合作中，数字领域的内容如数字技术合作、电子商务合作、数字基础设施合作、数字贸易规则体系共建及网络空间治理合作等越来越成为双方探讨的重要内容。第三，中国—东盟数字命运共同体蕴含共赢、共享、包容、平等的内涵，有利于尊重各国主权和利益、维护多边主义、健全网络空间治理、提升数字治理效能等。

综上所述，中国—东盟数字命运共同体是持续构建中国—东盟命运共同体及数字技术加速发展的必然产物，是中国—东盟数字产业合作的重要理论指导，推动建设中国—东盟数字命运共同体具有全局性、战略性的重要意义。中国与东盟国家产业合作要以构建中国—东盟数字命运共同体为目标，强化理论和话语建设，加强多边沟通与协调，促进中国与东盟国家互联互通。

一、强化理论和话语建设，积极应对外部挑战和质疑

正如"一带一路"等中国提出的国际合作倡议被美西方国家扭曲、抹黑一样，"数字命运共同体""数字丝绸之路"等倡议也面临着国际舆论的压力，不可避免地使沿线国家和人民对其产生错误认知和负面理解。中国政府、企业、学者要为中国—东盟命运共同体建设提供坚实的话语和理论支撑，积极宣传，开展形式多样、层次丰富的宣讲活动，为沿线共建国家人民增信释疑，减少误解误判。

清晰阐述数字命运共同体"共赢、共享、包容、平等"的内涵。中国—东盟数字命运共同体将满足中国及东盟各国需求以数字技术寻求社会

---

① 资料来源：https：//reader.gmw.cn/2023-07/04/content_36674379.htm。

发展的共同愿望，携手共建一个更为公正合理、平等有序的全球数字治理新秩序，应对以美国为首的西方国家企图推行的数字霸权主义，弥补日益深化严重的数字鸿沟，共同指向现如今不公正的全球数字治理秩序。构建中国—东盟数字命运共同体并不与东盟各国谋取主权独立、自主发展的原则互斥，数字命运共同体的号召不追求统一的发展范式，坚定数字技术的发展将各国导向统一的共同体构建的同时，高度关注、尊重各国的特殊国情与发展背景，逆转禁锢思想已久的所谓追求"同一性"发展范式的惯性思维。中国要与东盟国家共同塑造一个共商、共建、共享的数字治理新秩序，共同构建一个平等、开放、包容、有序的数字命运共同体。

二、加强多边沟通与协商，开展多层次交流

建立数字中国—东盟双边及中国与东盟各国多边的数字命运共同体对话及协商机制。数字经济合作涉及领域广、项目多、层次宽，中国不同区域之间、东盟各国之间数字发展水平不一，加上相关数字政策和法规的差异，要营造公平良好的数字经济发展环境存在很大难度。这就需要建立中国—东盟数字治理对话与协商机制，畅通表达渠道和争议解决途径，形成监督和建设合力，实现相互配合，进一步发挥现有合作机制，如"一带一路""数字丝绸之路""中国—东盟信息港"等的作用。

增进中国—东盟数字人才培养合作及交流。数字人才决定数字化发展质量，中国—东盟数字命运共同体的建设需要高素质、专业化的数字人才，要通过国家数字科研机构、高校、企业等渠道加强数字人才培养合作，增进数字人才交流，巩固和强化数字合作基础。

促进人文交流，助力民心互通。携手打造中国—东盟数字命运共同体，需要秉持开放包容的态度，在文化交流方面保持互信互鉴，避免因文化差异而导致的矛盾与冲突。中国与东盟各国陆地相连，在文化、教育等领域的合作具有天然的优势，近年来也取得了丰硕的成果（于洪君，2020）。数字技术的赋能可以创新人文交流渠道，打造数字人文交流共享平台，更大范围、更高效率地搭建中国与东盟各国之间民心互通的桥梁，进一步消除不同文化的误解偏见，构建命运共同体的情感共识，反过来也将进一步促进中国—东盟数字命运共同体的构建，最终形成人文交流与数字命运共同体建设相互促进的正向循环。

三、促进互联互通，共享数字红利

共谋发展、共享双赢是中国及东盟各国积极参与中国—东盟数字命运共同体构建的核心动力。数字命运共同体的构建要为各参与方带来实实在在的收益，中国与东盟互为最重要的对外贸易伙伴，在数字经济领域合作有着巨大的潜力，中国在数字基础设施建设、数字技术水平发展等方面优势明显，而许多东盟国家数字基础设施建设薄弱、互联网普及率不高、数字技术发展存在技术瓶颈，但其数字经济市场潜力大、增长快，是中国构建高水平对外开放，实施"一带一路"倡议的关键合作伙伴。

加快数字基础设施建设。数字基础设施是缩小数字鸿沟、助推中国—东盟数字命运共同体构建的重要物质保障，要充分发挥各类合作机制的作用，在人工智能、物联网、5G 等数字基础设施普及方面加强合作，提升数字技术水平，为数字基础设施建设薄弱的国家提供必要的硬件和技术支持，搭建数字服务基站、数据服务中心，帮助东盟国家提升网络质量与覆盖面积，降低数字接入负担成本。

提升信息数据互联互通水平。畅通数据要素流动，提升通信网络、智慧交通、数字口岸等数字基础设施互联互通水平，探索建立中国—东盟信息共享和互信互认机制。数字基础设施是"管道"，信息和数据是"血液"，要打通信息数据流动的阻梗，让中国及东盟各国的更多机构、商家、消费者参与到数字合作中来，促进网络效应指数级提升。

增强数字公共服务能力，培育数字红利共享机制。普惠和共享是数字命运共同体的应有之义，要打造数字公共服务平台、强化数据共享和业务协同，提升数字公共服务标准化、规范化和便利化，提升数字公共服务供给和赋能水平。支持电子商务、移动支付、智慧物流、智慧医疗、共享经济等特色数字企业出海，高质量参与中国—东盟数字命运共同体建设，提升东盟国家数字服务能力与融合创新水平，共享数字红利。

第二节　以顶层设计深化合作领域

随着全球化进程的加速和国际形势的复杂多变，国家之间的合作过程中政策创新与精准施策成为推动合作深化、增强合作效率、应对复杂挑战、促进互利共赢和增强信任与稳定的关键因素。中国与东盟国家应该强化战略引领，确保高层形成坚定不移的共识，以便能够站在更高的角度，更加精准地把握时代脉搏，引领发展方向。同时，中国与东盟国家的数字产业合作也应当突出重点领域，结合实际情况，因地制宜地开展合作。这样不仅能够集中力量攻克关键难题，还能更好地发挥各方优势，实现互利共赢。

一、强化战略引领，确保高层共识

强化战略规划，建立健全中国—东盟数字经济合作机制。中国在积极争取加入《数字经济伙伴关系协定》，推动 RCEP 实施并贯彻《中国—东盟数字经济合作伙伴关系倡议》的背景下，应制定关于中国参与东盟新经济发展的全面规划，明确中国在东盟新经济中的定位、目标与方向，建立健全中国—东盟政府间数字产业合作机制。目前，东盟已出台《东盟数字总体规划 2025》，并作为各国的数字经济发展指导文件（张雅冬，2021），中国要做好该指导文件的解读，为中国—东盟间数字经济的紧密合作打下坚实基础。

中国—东盟数字产业合作领域广泛、流程复杂，因此各国政府在顶层设计中的引领作用至关重要。中国—东盟要促进双方在数字经济领域的高层交流，共同确立发展合作方向，提升双方合作的战略协调性与契合度，通过建立高级别战略对话、经贸高层对话、高级别人文交流等合作机制，持续夯实政治互信，推动双方合作共识，为双方的合作提供坚实政治基础。

二、突出重点领域，因地制宜开展合作

东盟国家不同数字产业的发展水平差异巨大，中国在东盟国家进行数字产业合作时，要灵活对接，精准界定不同产业、不同国家间的发展定位，建立差异化的协调发展格局，制定"因产施策""一国一策"的数字经济合作共赢策略。

电子商务、移动支付、数字娱乐、在线旅游等是中国—东盟数字经济合作的关键领域（姜志达和王睿，2020）。在政府层面，政府要有所侧重地在以上领域制定专门的指导意见和实施细则，明确双方合作的路线图、实施路径及政府职责，注重各项政策措施的衔接配合以及项目的具体落地。在企业层面，双方可共同制订支持数字经济龙头企业发展的专项行动计划及打造"专精特新"的中小微数字经济企业的方案，建立大中小企业培育体系，为企业参与国际合作提供明确指引。在产业层面，应更加凸显中国与东盟各国以数字链推动产业链、创新链发展的合作方向，实现"数字链、产业链、创新链、价值链"四链融合协同发展，将数字经济规划融入传统产业优化升级和新兴产业合作的各个环节，以加速双方产业升级。

东盟各国数字经济发展水平差异巨大，新加坡、马来西亚、菲律宾是东盟数字经济领域的第一梯队，数字经济发展水平较高，相比之下，缅甸、老挝和柬埔寨的数字经济才刚刚起步（李江浩，2023）。针对东盟各国的国情及经济发展水平差异，中国应准确评估东盟各国数字经济发展的现状和实际需求，与东盟各国共同制定并实施差异化、精准化的数字经济行动方案，推动政策创新与精准施策。具体而言，对于数字经济发展较好的国家如新加坡、马来西亚等，要在强化现有对接基础上，与其建立更加全面、更高层次的对接合作，更多地聚焦于科技金融、智慧城市、数字贸易、知识产权、数字治理等领域（赵静，2021）。对于柬埔寨、老挝、缅甸等数字经济发展基础相对薄弱的国家，要深入挖掘这些国家在数字基础设施、数字人才培养、电子商务等领域的合作潜力，拓展新的合作机制。

第十章 加强中国—东盟数字经贸规则对接与共建网络安全

合理高效、相互协调的数字经济治理体系和网络安全是数字经济领域合作能有序进行的前提。本章将聚焦于如何加强中国—东盟数字经贸规则的对接与共建网络安全两大核心议题。

第一节 协调对接中国—东盟数字经济标准与贸易规则

随着全球数字经济的蓬勃发展，各国对于互联网安全、数字技术标准、数据和网络主权、数字贸易规则等方面的利益诉求各异。美国实施数字霸权战略，围绕技术、规则和标准，构建具有竞争性和排他性的数字生态，企图垄断数字规则和技术标准的制定权，锁定发展中国家在全球数字产业链和价值链中的地位和收益（董晶，2020）。因此，中国有必要推动发展中国家共同参与构建符合多方意愿和利益的公正合理的数字治理规则。中国应当深入研究《东盟数字总体规划2025》《东盟数字一体化框架》《东盟数字数据治理框架》《数据管理框架》（DMF）等现有框架与规则，加强与东盟在数字治理理念和创新监管经验等方面的探讨，推动共同商定和共同建设数字规则。

一、构建合理高效、相互协调的数字经济治理体系

构建为各方接受的数字经济治理体系是保障数字经济持续健康发展的重要举措，也能够显著提升中国—东盟数字经济合作框架下治理能力的现代化水平。在治理理念上，明确治理愿景与规则框架。数字经济治理体系应坚持开放包容的核心价值理念，同时兼顾各成员国的差异性，建立包容、开放、普惠的数字经济治理体系，以达成数字经济效益的最大公约数（梁昊光和焦思盈，2022）。在治理主体上，建立多元主体协同治理体系。数字经济治理的国际公共产品属性决定了依靠单一国家的治理力量是远远不够的，中国—东盟需要共同搭建"数字经济协同治理合作平台"，或者成立"数字稳定委员会"，依托平台力量整合目前碎片化的管理模式，以实现数字经济治理主体之间的协同合作。政府作为数字经济治理的核心主体，应当加强对数字战略的沟通合作，不断增进国家间的认同和互信。最后，双方应共同构建协调统一的数字治理体系以逐步消除数字经济深度合作的制度性障碍，规范数字经济活动，保障各方利益诉求，提升双方信息基础设施的兼容性，以及数字规则标准的协调性和匹配度，从而降低中国与东盟数字经济合作的障碍，提升跨国合作效率和数字经济贸易效率。

二、优化中国—东盟数据跨境流动规则

第一，要优化东盟内部各国之间数据跨境流动规则。现阶段，东盟内部各国数据跨境流动存在较大阻碍，在东盟内部，由于各国立场的不同和东盟领导力不足，跨境数据流动规则存在多类并行的局面（关梓祎，2023），对于东盟来说，仍要强化内部谈判和协调，可以借鉴欧盟 GDPR 在数据统一市场方面的经验，出台相关政策，在避免来自外部的制度过剩的同时强化东盟内部的制度化发展。

第二，应优化中国与东盟之间的数据流动规则，确保数据安全的前提下，协商双方的规则和政策。鉴于各国存在不同的规定，双方需以相互尊

重和平等的态度接纳在跨境数据流动方面的差异性。在此基础上，可以利用现有的合作机制如"一带一路"和"中国—东盟信息港"，建立开放包容的数据流动规则，以促进中国与东盟之间的数据安全和保护。同时，利用 RCEP 平台，督促各方遵守其在跨境数据传输、个人信息保护、网络安全和电子商务等方面的规定，为未来深化数据跨境流动合作奠定基础。

第三，数据跨境流动方面的合作应上升至制度、法律层面（王睿，2023）。双方可以通过签订双边或多边协议、条约等方式，对各方数据跨境流动问题进行规制，充分发挥《数据出境安全评估办法（2022）》对中国及东盟各国数据跨境流通的制度保障作用。还应共同建立相互认可的数据分类分级保护制度，以提升数据全生命周期的保护能力，共同打造更为精细化的数据安全保护体系和个人隐私合规保护体系。

三、完善中国—东盟数字贸易合作规则

数字贸易规则涉及贸易便利化、市场准入、关税与数字税、跨境数据流动、知识产权保护、可信赖的互联网环境和数字营商环境等议题（王媛媛，2022）。中国与东盟需共同应对数字贸易规范性难题，共同构建符合数字经济未来发展需要的有效秩序。在数字贸易合作方面，存在两个层面的规范性挑战。

第一，数字贸易自身的发展逻辑导致了技术障碍和规则匹配问题。根据《2020 年亚太地区咨询报告》，数字贸易一体化是一个复杂多维的进程，需要整合全球数字价值链的规制结构、政策设计、数字技术和营商程序，这不仅取决于消除数字贸易的障碍，还要求广泛的技术、法律和政策协调[①]。中国与东盟数字经济合作也面临着类似的挑战。

第二，数字经济领域框架协议的有效性需要进一步考量（赵儒南，2022）。当前的一系列数字贸易协定虽然存在一定的参考性，但协定间的

---

① 资料来源：https：//www.pecc.org/resources/regional‐cooperation/2661‐state‐of‐the‐region‐report‐2020？category_access=1。

规范性仍然存在一定的限制。中国与东盟国家应建立在成熟且稳定的双边合作经验基础上，持续细化数字合作领域的具体细则和条款，解决长期存在的数字贸易规范性问题。双方还应积极利用多边经济合作机制，共同推动在数字经贸规范领域的交流与磋商，以及统一数字经济规范和完善法规框架。具体而言，中国与东盟国家应协调跨境支付结算、数据流通、海关监管等方面的数字规则规范，使其与数字技术、物流运输、数据接口、税收政策、牌照核发管理等方面规范相互衔接。同时，完善金融服务、海关检疫、国家数据安全等方面的规范框架和标准细则，促进金融领域深度合作与标准对接，推动以信息技术为基础的金融新技术研发与应用，有效防范金融汇率风险。

第二节　构建常态化和持续化网络安全合作机制

网络安全问题是中国与东盟各国共同面临的非传统安全挑战之一（王睿，2023）。电脑病毒、黑客攻击以及信息泄露等重大网络安全问题严重威胁着中国及东盟各国的经济发展，进一步增大了中国—东盟数字经济合作的不确定性。中国与东盟在网络安全领域的深化合作，不仅是创造数字经济健康发展环境的现实需求，也是建设网络空间命运共同体的重要举措。双方在网络安全合作方面具备坚实的内在动力和广泛的合作潜力，然而也面临诸多挑战。双方应加强网络安全战略的契合，共同构建相应规则和标准，推动技术研发和产业发展。

一、推动网络安全治理战略对接，完善合作机制建设

为加强中国与东盟在网络安全领域的合作，当务之急在于持续深化双方的互信基础，巩固网络安全合作的共识基础。中国与东盟国家应持续加强"数字丝绸之路"与《2021—2025 年东盟网络安全合作战略》的衔

接，制定具有灵活性、包容性和创新性的网络安全合作框架或行动计划，共同应对全球网络安全挑战。中国—东盟双方应提升中国与东盟各国在网络安全领域的合作深度与广度，推动中国—东盟网络安全合作常态化和持续化，借助中国—东盟数字经济发展合作论坛等形式，建立永久性网络安全协调机制。

二、共同制定中国—东盟网络安全规则标准

为共同推动网络安全合作，中国与东盟必须建立一套完备的网络安全规则标准，共同构建网络安全风险评估和处理的组织框架，同时设立中国—东盟网络安全标准工作小组。对于新加坡、马来西亚等数字经济较为发达的国家，中国可以在技术研发、知识产权等领域展开合作，尤其是在新兴技术领域制定全球技术标准和规范，以推动东盟成员国从技术和规范的使用者向创新者的角色转变。中国—东盟可以充分利用《区域全面经济伙伴关系协定》（RCEP）、中国—东盟自贸协定、《数字经济伙伴关系协定》（DEPA）等多边机制，共同制定跨境数据传输、数字通信技术、网络技术标准与协议等网络安全规则标准。随着中国—东盟数字经济合作的深入，中国可以在 RCEP 框架下推动更为具体的数据管理、司法管辖、个人信息保护等规则标准。此外，双方还可以在联合国《数字素养全球框架》下共同探讨在设备保护、个人数据和隐私保护、健康福利、环境保护等安全领域的规则标准制定。

三、携手推进网络安全技术的研发与产业发展

尽管中国拥有庞大的数字经济体量，但在网络安全技术方面，仍落后于一些发达国家。特别是在基础性底层技术、颠覆性非对称技术等领域的创新相对不足，网络安全核心技术的研发相对滞后，这导致信息技术产业的独立性较低。因此，中国应该重视与东盟在基础技术领域的研究合作，加强基础性、通用性和前瞻性技术的创新，共同防范数据、个人信息和关键基础设施等领域的安全风险。此外，中国还需强化双方网络安全产业创

新，建立技术研发、创新服务、产业协同的平台，优化完善网络安全产业环境，形成良好的创新产业生态系统。中国与东盟国家应该共同探索将网络安全延伸至供应链体系，提高科技供应链安全性，推动贸易所依赖的区域供应链安全。当前，数字领域新技术的研发和应用主要由科技公司主导，技术层面的网络安全更加依赖私营部门和技术专家。因此，中国要建立包括政府、企业、非政府组织、行业协会、个人等在内的公共—公共、公共—私营和私营—私营的伙伴关系，这也是确保双方网络安全合作顺利开展的关键所在。

第十一章 推动中国—东盟数字产业基础领域合作

数字基础设施是数字产业发展的基石。本章聚焦于中国和东盟在数字产业基础领域合作的具体内容与实施策略，为双方未来在该领域的合作提供有益的参考与启示。

第一节 深化中国—东盟数字基础设施建设合作

数字基础设施是指以数字创新为驱动、信息网络为基础、数据算力设施为核心的基础设施体系（关梓祎，2023），涵盖5G、人工智能、互联网、物联网、光纤宽带、物联网、大数据中心、云计算中心等多个领域（赵祺，2022）。当前，东盟数字基础设施建设存在两方面的问题，一方面，东盟整体的现有数字基础设施建设不完善（郭玉，2022），严重影响了中国—东盟之间信息及贸易的互联互通，导致其在数字经济领域的国际竞争力不高（董晶，2020）。另一方面，东盟内部各国在数字基础设施方面的水平存在明显差异，数字鸿沟显著（许翔宇等，2023），新加坡、马来西亚和文莱已经在数字基础设施建设上投入了大量资金，积极推进数字技术的应用和普及，但是缅甸、柬埔寨的数字基础设施建设仍处于初级阶段，根据相关研究，以各国在 2020 年的固定电话及宽带普及率、个人使用互联网占比、百万人安全服务器数据建立的数字基础设施建设水平评价体系中，新加坡的数字基础设施水平约是马来西亚、文莱的 3 倍，是越南、泰国、老挝、印度尼西亚、菲律宾的 4 ~ 5 倍，是缅甸、柬埔寨的 100 倍（李江浩，2023）。这对中国—东盟的数字经济产业合作十分不利。

中国在数字基础设施建设领域拥有"先行者"优势，"十四五"规划中提出了积极向外提供技术、设备、服务等数字援助的战略，旨在让各国共享数字时代的红利（张雅冬，2021）。现有的政策文件中，《东盟数字总体规划 2025》中强调了"提升固定和移动宽带基础设施质量并扩大覆盖范围"作为整个规划的重要目标。而在《中国—东盟关于建立数字经济合作伙伴关系的倡议》中，也明确强调了要"强化双方在通信、互联网、卫星导航等各领域合作，共同致力于推进 4G 网络普及，促进 5G 网络应用""支持东盟数字枢纽，发展数字经济，弥合数字鸿沟"。因此，中国与东盟国家在数字基础设施领域加强合作具有广阔前景，共同推动数字基础设施建设，将为双方的数字经济合作奠定坚实基础。

一、建立数字基础设施建设合作的常态化合作机制

在中国与东盟数字基础设施建设合作中，双方可以通过建立多主体、多层级、跨部门的交流平台和工作机制，构建包括政府、金融、商业、智库、企业等在内的综合性对接网络，以常态化沟通和联络为目标，确保项目的顺利实施（张雅冬，2021）。借助已有的数字基础设施合作机制，如"中国—东盟信息港"及"数字丝绸之路"负责双方顶层设计、政策沟通和协调，同时建立专门的专业合作对接机构就合作方向、具体项目等问题进行务实探讨并推动实施。例如，新加坡已经成立了国内人工智能署，泰国成立了国家 5G 委员会等，通过与其专业领域发展机构对接，就具体项目要求、标准等进行政企间的探讨磋商，形成指导文件，从而有序推动数

字基础设施建设在东道国的顺利落地及后续管理。

二、加强基础设施建设合作的要素保障

第一，加强信息共享平台建设。目前，东盟国家正积极推动数据中心的建设，并致力于共建区域内的数据共享平台，鉴于此，中国与东盟在已有的合作基础上，可以共同创建信息共享平台，打造综合一体化的中国—东盟信息共享平台和信息查询系统，整合政务、工商等各方面的资源，为数字基础设施建设项目提供全方位信息支持，为企业提供数字基础设施建设所需的关键信息，从而降低企业在前期调研阶段的成本，提高项目的经济可行性。另外，还可以实时跟踪重点行业和企业的建设进展，提升双方在信息合作方面的透明度。同时，双方可以探索适宜的、可复制推广的对接模式，实现资源共享、利益共赢，共同推动合作与发展。例如，在企业拓展新项目的过程中，双方的相关职能部门可以通过信息共享平台，为企业提供精准的国别风险提示资料、相关风险要点以及相应的因应策略分析，从而降低企业在进入新的国家和市场时所面临的风险，提升双方开展合作的积极性。

第二，提供金融支持，强化资金保障。在数字基础设施建设所需资金方面，东盟国家依然存在着巨大的需求缺口，必须加强对数字基础设施建设的资金保障。首先，国内金融机构要建构多元化的融资体系，鼓励开发性金融机构和商业金融紧密联系，丰富融资渠道，消除民营企业和国营企业的融资差距，为基础设施建设项目提供"绿色通道"，助力国内数字基础设施企业"走出去"（华欣和汪文杰，2020）。其次，中国与东盟国家的企业可以积极拓宽市场合作项目的国际融资渠道，通过向亚洲基础设施投资银行、中国—东盟投资合作基金等金融机构申请融资，为实现长期可持续的合作提供充足的资金保障。最后，各国政府应设立专门的监督监管机构，对新型基础设施建设中的资金对接和资金使用进行监管，提高双方对新型基础设施资金的利用率，对基础设施建设环节的资金使用进行评估，确保基础设施的建设资金合理利用。

第三，促进创新交流，加强人才、技术保障。当前，东盟国家在数字基础设施建设领域缺乏大量专业人才，尤其是在一些高精尖技术领域。一方面，在数字基础设施建设项目合作过程中，中国与东盟国家可以通过在当地进行技能培训，促进业务交流和人员交流，以满足数字基础设施建设对大量专业人才的实际需求。这不仅能提升当地劳动力的素质和就业率，而且能增进双方合作的效率，夯实合作的重要社会基础，实现互利共赢。另一方面，积极鼓励数字企业调整内部政策，努力提升高新技术人才的待遇，吸引技术人才为企业转型提供智力帮助，提高企业的外部竞争力（华欣和汪文杰，2020）。同时，各国应积极鼓励科技创新和技术交流，打造产学研一体化的高地，充分发挥科研机构和高校等研究院所的有效资源，积极引导中国科研机构与东盟国家在大数据、人工智能和区块链等领域开展技术交流和项目合作，联合开展技术攻关、创新研发和技术合作等。特别是对新加坡、马来西亚等数字经济较为领先的国家，应加强尖端技术合作，共同引领地区数字经济发展方向（陈国辉和张杰，2021）。

三、以优先区域与项目为引领助力差异化发展

在数字基础设施建设方面，东盟国家着力发展关键领域，以产生示范效应。中国—东盟数字基础设施建设合作项目可确定优先合作区域和重要项目，如大数据中心、光纤宽带网络以及工业互联网等。通过打造具有优势的典型项目、示范项目，产生辐射作用，凸显中国在数字基础设施建设方面的实力，真正造福当地民生并促进经济发展，减少对中国的疑虑。促进政治互信和民间互信。另外，东盟各国数字经济发展水平差异巨大，因而各国在产业合作需求方面也出现明显分化（张群，2023）。针对数字经济发展水平较差的老挝、缅甸及柬埔寨，其整体经济发展水平、要素禀赋、市场规模、营商环境等均处于较低水平，数字基础设施建设的合作需求最为旺盛，应将数字基础设施建设列为与此类国家进行数字经济合作的优先方向，大力推进信息化的基础设施建设，帮助其先实现信息化，再解决数据化，促进互联互通（于淼，2022）。

第二节 加强中国—东盟"智慧城市"合作

智慧城市是基于新一代信息技术，通过整合城市信息资源，实现城市在政务、商务、交通、医疗、社区等多领域的高效能管理，进而改善城市各项功能的思想集合体。在中国，智慧城市建设自 2010 年开始兴起，于 2017 年迎来全新发展阶段，经过多年发展，已经在智慧交通、智慧医疗、智慧政务、智慧社区、智慧园区等方面取得的显著成效，有效地应对了"城市病"挑战，提升了城市竞争力。数字经济以物联网、云计算、大数据、人工智能、5G 通信等新兴技术产业为代表，而智慧城市建设本身就是发展数字经济的一部分，因此它与新基建（服务于数字经济的新型基础设施）存在着强关联性。智慧城市的建设不仅是技术的运用，还包括通过数字化、智能化的手段解决城市化进程中的问题，如交通拥堵、环境污染、人口压力等，从而推动城市的可持续发展。

随着数字经济的迅速发展，智慧城市合作对于中国与东盟深化数字经济合作具有重要意义，特别是对于数字经济发展水平较高的国家，如新加坡、马来西亚等，智慧城市合作将为双方在高科技领域的合作拓展提供新的机遇，越来越多的智慧城市也将成为推进实现"一带一路"及经济高质量发展的有力支点（李猛和翟莹，2023）。中国现已与东盟及东盟各国建立智慧城市合作。在国家层面，2019 年 11 月 3 日，中华人民共和国和东南亚国家联盟成员国的国家元首或政府首脑齐聚曼谷，出席第 22 次中国—东盟领导人会议，会议发布了《中国—东盟智慧城市合作倡议领导人声明》[①]；地方政府层面的合作是主要的合作模式，智慧城市的合作采取"城市—城市"的合作模式，中国许多城市都与东盟国家的城市建立

---

① 资料来源：https://www.ndrc.gov.cn/fggz/cxhgjsfz/dfjz/201911/t20191108_1201879.html。

了智慧城市合作关系，如南宁与泰国孔敬市、菲律宾达沃市、越南海防市、老挝占巴塞省、柬埔寨西哈努克省、印度尼西亚茂物县、缅甸仰光市等城市建立了合作关系，新型智慧城市"南宁模式"开始走向东盟①；新加坡也与中国苏州、深圳等城市开展了智慧城市合作，合作领域聚焦于数字工业园区②及电子贸易、数字身份互认、科技人才交流 培养、创新创业、跨境仲裁等领域③。

但与此同时，中国—东盟"智慧城市"面临外部、内部双重挑战（陈祝康，2021）。外部方面，中国面临着与东盟数字基础设施合作基础差、有其他外部国家激烈竞争（竞争与东盟进行智慧城市合作）及东盟内部国家竞争（内部成员国之间"智慧城市"合作）等挑战；内部挑战主要是合作能力问题，具体来说，包括东盟各国整体经济、科技实力不强及合作机制较不完善两方面。下面从政府及企业两个方面，阐述中国—东盟"智慧城市"合作策略。

一、政府层面的合作

继续强化"智慧城市"合作的机制搭建。回顾当前中国与东盟十国智慧城市各个领域的合作项目、签署的各个智慧城市发展协议谅解备忘录，都能感知到东盟规范或中国尊重东盟中心的秩序方向。可见，双方政府、企业都越发意识到制定具体路线、搭建平台机制的重要性，这也是观察未来双方智慧城市合作的关键之处。

探索多元化的智慧城市合作方式。当前，中方企业加入东盟地区投资建设的方式主要是"一对一"，第三方参与的项目相对较少。在特殊情况下，这种合作的局限性在于相关技术人才不足、建设经验不够丰富、建设进度缓慢、智慧城市项目模式千篇一律、缺乏第三方合作导致合作质量下

---

① 资料来源：https：//fgw. nanning. gov. cn/fggz/dzzw/t2539217. html。

② 资料来源：http：//sg. xinhuanet. com/2013-11/08/c_125669825. htm。

③ 资料来源：https：//sztqb. sznews. com/PC/layout/202006/18/node_ A01. html？link = content_ 875538. html。

降等。借鉴其他国家合作方式，近些年中国也开始尝试采取多方合作，共建智慧城市。2019 年 4 月，中国贸促会与日本贸易振兴机构在泰国曼谷召开中日第三方（泰国）市场合作研讨会，旨在探讨中日两国在泰国开展第三方市场合作，推动中日企业在泰国东部经济走廊、智慧城市建设等领域开展紧密协作。

拓展智慧城市治理层面合作。从已有的合作成果来看，多数项目处于在建中，已确认交付且辅助应用的项目还有待观测实际效果，可以说中国与东盟智慧城市合作还处于初级阶段。因此，随着 ASCN 各个试点城市陆续建成合作项目，相应的关注领域应当是如何运作智慧系统，以及如何智慧化地治理城市问题。智慧城市兴起不可避免地带来相应社会问题，就一般意义上的问题，有学者认为主要有信息共享中安全性与保密性问题引发的威胁、信息使用中安全性和合法性问题引发的威胁两大类（余潇枫和潘临灵，2018），还有研究认为智慧城市中的大数据会引发对人性、人文及人的存在的威胁、对伦理（隐私和社会正义）的威胁、对民主的威胁等（于文轩，2017）。作为参与东盟智慧城市建设的主体之一，中国企业如果能够承担相应的治理责任或者供相应的治理方案，这将为中国参与智慧城市国际合作积累良好声誉，也有利于中国企业进一步开展其他领域的合作。

二、企业层面的合作

根据东盟各国数字经济发展水平，差异化开展合作。对于在东盟国家中，已经形成了体系化的"智慧城市"建设先进国家，一级梯队的新加坡和马来西亚。双方在智能电网、便民服务、平安城市和智慧交通等领域具有巨大的合作交流潜力，智慧城市建设将成为双方信息技术集成应用的新载体。要密切关注新加坡"智慧国"建设的发展动向以及其向外辐射的影响，寻求双方互通互联的合作机会。抓住马来西亚政府和超大型企业的头部资源，通过对当地参与主体的网络渗透与合作推进，建立稳固的商业格局，并向泰国、印度尼西亚和越南等国家辐射，拓展新市场，以弥补与新加坡存在竞合关系的不足。对于泰国、越南等二、第三级梯队国家的智慧城市建设参与，可以借鉴中国的"政府、企业、居民"三方合作模式，以及以政府为主导、制定优惠政策吸引企业与研究机构的两种建设模式的相关经验。在 ICT 基础设施、智慧交通、智慧旅游、智慧农业以及智慧园区等应用层面，重点加强合作。对于菲律宾、柬埔寨、老挝和缅甸等第四级梯队国家，可以采取保守的参与策略。在参与过程中，尤其需要注意经营与投资风险的管控。

根据东道国的数字经济发展情况，选择适宜和合作领域与合作方式。针对各国不同工业化阶段和产业结构，结合中国在城市智慧建设方面的经验，智慧城市产业链的各参与主体通过对智慧应用和国家特性的不断探索，在纵向产业链和横向服务链上建立起本土化合作的紧密联系。在具体建设项目方面，智慧园区作为智慧城市建设的缩影，得到了政府提供优惠政策支持的天然优势。它能够提供良好的软硬件环境，不仅降低了中国企业"走出去"的风险和成本，也促进了中国企业在海外的集聚与发展。同时，智慧园区在增加当地就业、加速工业化进程以及实现共建、共治、共享等方面也发挥着重要作用。因此，智慧园区是中国企业参与东盟国家"智慧城市"建设时不可忽视的重要领域。

在海外市场，许多中国企业采用的是标准技术和成熟产品。因此，通过建立合资企业的方式，可以更好地与当地企业合作，共同积累经验，降低投资风险。此外，在东盟国家设立企业并不一定需要大量投入货币资本。如果企业在硬件设备、技术和管理方面已经具备一定的相对优势，可以通过技术授权、管理委托等非股权投资方式来进行对外投资。此外，应重视在对外直接投资中技术的输出与技术入股问题。对于那些需要严格控制扩散的先进技术和特色技术，可以通过建立独资企业的方式来加以保护。同时，针对当地市场对产品的特殊需求，应大力开发新技术并定制新产品。此外，针对处在不同产品生命周期阶段的技术，应采取相应的转让策略。

第三节　推动中国—东盟数字经济教育合作

推动教育数字化变革，培养适应数字时代的新型人才，是实现各国数字化发展战略的关键。然而，中国和东盟各国在数字人才发展方面仍有不足之处，劳动力的数字技能亟待提升。根据2021年世界经济论坛（WEF）的调查，70%的东盟劳动力认为自己在数字创新技能方面并不精通[①]。为此，中国和东盟应充分发挥现有数字经济领域合作机制，如"中国—东盟信息港""数字丝绸之路"等合作机制的潜力，加强数字人力资源方面的合作。目前，中国已与南非、卢旺达等国签署了人力资源开发合作谅解备忘录（关梓祎，2023），但中国和东盟在此领域的合作尚未形成，双方可以共同探索中国—东盟数字人力资源合作机制，这是双方在教育和人才领域展开长期合作的必要前提。

一、加强中国与东盟教育机构合作

首先，要加强中国与东盟国家高校之间的教育合作，以满足数字经济领域人才需求。可以通过建立持久性的人才交流平台、设立访学交流项目以及联合开展特殊人才培养等措施，形成常态化的人才合作培训机制，这将推动国内高校、科研机构与东盟国家在数字技术及相关领域的人才培养合作。鼓励中国高校在东盟国家设立独立办学机构，开设与数字经济相关的专业，提升海外数字化人才水平，根据不同国家发展阶段的特点，构建紧密融合的科教互利合作共同体，加强中国高校与东盟国家高校及教育机构的联建，共同打造数字经济特色学科、专业和培训基地，提供优质的教

---

① 资料来源：https://cn.weforum.org/publications/asean-digital-generation-report-digital-financial-inclusion/。

育服务，涵盖课程研发、教师培训、人才认证、职业服务等方面，以支持东盟国家的人才培养和科技研发（姜志达和王睿，2020）。

其次，加强与相关国际组织和各类教育服务机构的合作，推动它们参与中国—东盟数字经济人才教育合作。建立多层次的专业化培训体系，与当地华人科技公司合作开办培训机构，共同研发适应东盟各国语言、宗教文化的网络教程和课程体系，提升数字素养和应用技能。

最后，为了确保上述合作的顺利进行，增强合作的可靠性，双方可探索建立中国与东盟各国数字经济人才跨境交流机制，推动与相关国家开展双边或多边学历学位、技术职业资格的关联互认，放宽东盟数字经济人才在中国开展相关行业市场准入的执业限制。中国政府可以加大对东盟数字人才培养的政府援助力度，在"丝绸之路"中国政府奖学金下设立中国—东盟数字经济人才培养专项，为合作提供坚实的基础和可靠的支持。

二、鼓励知名数字经济企业开展产学研教合作

中国的知名数字经济企业，如阿里巴巴、中国移动、腾讯等，应鼓励其在东盟国家开展产学研教一体化合作。中国科技企业可以考虑在东盟地区设立独立学院或与东盟高校联合设立学院，实现产学研教一体化合作，与当地政府合作共建数字产业实习和实训基地，依托企业在数字技术领域的研发和应用优势，提升东盟国家产业链数字化的人才储备和素质水平。具体来说，双方可以在企业层面建设人才培养交流合作平台，共同制定培养规划，推动科技公司、科研院所与各大院校进行数字人才培养和数字技术方面的联合合作。例如，阿里巴巴已经在部分东盟国家与院校合作，进行数字人才培养试点项目；华为在马来西亚设立了"未来种子计划""华为东盟学院"等项目，计划培训超过 5 万名数字经济发展人才（陈敏冲和杜奇华，2022）。重点企业可以作为依托，在东盟的重点国家设立数字经济海外办学机构和职业培训基地。通过市场化力量提供数字经济培训项目，强化技能实训环节的设计（张雪春和杨嫱，2022），同时为相关培训企业提供信贷优惠、税收减免等优惠政策，提高企业参与数字经济人才培养的积极性（姜志达和王睿，2020）。这将有助于加速东盟国家数字经济人才队伍的培养与储备，促进数字经济行业的发展。

第十二章　增进中国—东盟数字企业双向合作

　　数字企业是中国—东盟数字产业合作的重要载体，《中国—东盟关于建立数字经济合作伙伴关系的倡议》指出："共同建设可协作的商业框架和生态体系，推动发展数字技术，支持数字工业企业、中小企业和初创企业培育数字创业能力，为数字转型提供解决方案。"事实上，中国与东盟的数字企业已经在数字基础设施建设、平台建设、跨境电商、在线支付等领域开展了深入的合作，取得了丰硕的成果，涌现出一批积极参与中国—东盟数字产业合作的优秀数字企业，如华为、中兴、中新国际、阿里巴巴、腾讯、支付宝等。在未来，要继续增进中国—东盟数字企业双向合作，结合高水平对外开放的要求，中国要进一步优化营商环境，完善投资便利服务体系、畅通跨境人员流通渠道、推动便利政策集成创新等，吸引优秀东盟数字企业"走进来"；整合国内政策资源、建立海外信息共享机制、发挥社会团体的积极作用，同时积极开展东盟数字市场调研，深化拓展合作领域，助力更多有条件的数字企业"走出去"，为构建高水平对外开放打造"中国—东盟数字企业合作"样板。

第一节　优化营商环境助力东盟企业"引进来"

深化"放管服"改革，促进政府职能转变，持续打造市场化、法治化、国际化的营商环境，有利于吸引东盟优秀数字企业、优秀人才来华投资及就业创业，促进中国—东盟数字产业合作进一步深化。

第一，完善法律体系，贯彻落实《中华人民共和国外商投资法》和《优化营商环境条例》，持续推进"制度主导型营商环境建设"，坚持"内外一致"和"并轨管理"的原则，在东盟企业准入阶段既给予国民待遇，打破行政垄断，提升投资信心，在投资领域施行"负面清单"管理制度（丁东铭和魏永艳，2020），又根据合作开展情况对清单不断予以精简。

第二，提高行政服务智慧化水平，进一步改善服务效率。数字经济时代呼吁更高质量、数字化水平更高的政府服务，要发挥好数字政务基础平台的作用，提升数字技术在全流程、全环节的渗透，从企业的全生命周期出发，实现标准化、规范化和便利化服务（陈瑶雯和范祚军，2024）。

第三，协调中国各区域营商环境共同提高。当前西部地区与东部沿海地区营商环境改革差距较大，是对外开放无法向内部纵深发展的重要原因，要坚持"全国一盘棋"的思路，发挥好各区域资源禀赋，促进更大范围、更宽领域、更深层次的对外开放格局（程云斌，2022）。

第四，更好地发挥自贸区"制度创新试验田"的作用。试点数字贸易便利、投资便利、资金流动便利等领域改革创新，支持开展信用监管、智慧监管等制度创新，以期为全国营商环境改善提供参考。

第二节　健全保障体系推动中国企业"走出去"

中国政府在推动中国数字企业"走出去"的过程中扮演着关键角色，要建立中央和地方层面的政策协调体系，确保政策的一致性和连贯性，同时调动政策性金融资源，为数字基础设施建设提供资金支持，特别是对于短期内回报不高的公共事业项目（彭健和白佳倩，2024）。此外，政府还可以搭建信息共享平台，通过"数字丝绸之路""中国—东盟信息港"等机制，促进与东盟各国的交流，帮助企业获取最新政策趋势，并通过建立国别服务中心为中小企业提供精准的海外合作支持。

数字企业作为市场主体，一是要积极参与政策性金融支持项目，利用专项资金进行基础设施建设，加强技术研发和创新，降低生产成本和提高国际竞争力。二是要深入进行市场调研，扩宽产业合作领域，如在数字基础设施建设、跨境电商、在线支付等产业基础上，结合东道国产业实际，深化人工智能、区块链、云计算等产业合作。三是要加强与东道国政府和商会的沟通，参与国际对话和交流，获取政策信息，并通过专业培训提升员工的国际化素质。

社会团体则作为政府和企业之间的"桥梁"，可以充分发挥市场机制的作用，组建数字企业合作联盟，整合资源，提供专业服务，如技术支持、市场分析和法律咨询等，同时定期向政府部门反映企业诉求，组织企业对接合作需求，帮助企业提升自身技术能力和创新能力，强化员工的国际化素质，增强在全球市场的竞争力。

第三节 建立数字企业跨国投资风险防控体系

虽然东盟国家数字经济发展潜力巨大，但同时也存在经济政治环境不稳定、市场业态较混乱、数字经济监管不完善等负面影响，中国数字企业经营风险较高（罗玉辉和侯为民，2024）。政府、数字企业要联手建立应对风险的"事前、事中及事后"防控体系，具体来说：

第一，事前风险预警：政府应发挥主导作用，要建立基于多边合作的信息数据共享机制，构建中国—东盟数据库和企业信息库，为企业提供数据支持，利用国际投资协定加强政府间的沟通协商，为企业提供法律保障和稳定的投资保护框架。

第二，事中风险处置：企业需要实时跟踪信息，与驻外使馆和投资国政府保持沟通，利用政府资源数据库评估项目可行性，制定预防措施和应急预案。在谈判过程中，企业应全方位提升谈判能力，坚决维护自身权益，并在项目实施过程中重视证据收集，防范法律风险。

第三，事后经济追偿：企业应发挥国际组织和政府海外机构的监督保障作用，利用金融机构提供的风险管理工具进行风险对冲和资产保全。

参考文献

［1］ Brent R. Moulton. GDP and the Digital Economy：Keeping up with the Changes ［J］. Understanding the Digital Economy：Data，Tools，and Research，2000（02）：34-48.

［2］ Bukht R，Heeks R. Digital Economy Policy：The Case Example of Thailand ［J］. Social Science Electronic Publishing，2018（02）：123-136.

［3］ Jin-Xin C，Yi-Zhuo W，Wen G. The Research on the Construction of Personal Credit System based on Big Data ［J］. Journal of Technical Economics & Management，2018（02）：165-171.

［4］ Cowen T. The Measured Worker ［J］. Technology Review，2015，118（06）：66-68.

［5］ Dahlman C，Mealy S，Wermelinger M. Harnessing the Digital Economy for Developing Countries ［R］. OECD Development Centre Working Papers，2016.

［6］ Guo W，Wang Y，Qin J. Research on the Construction of China's Personal Credit Information System under the Background of Big Data ［J］. Modern Management Science，2018，303（06）：112-114.

［7］ Hofmann E，Strewe U M，Bosia N. Supply Chain Finance and Blockchain Technology：The Case of Reverse Securitisation ［M］. London：Springer，2017.

［8］James Manyika，Susan Lund，Jacques Bughin. Digital Globalization：The New Era Global Flows ［R］. McKinsey Global Institute，2016.

［9］Koch M，Manuylov I，Smolka M. Robots and Firms ［J］. The Economic Journal，2021，131（638）：2553-2584.

［10］Li K，Kim D J，Lang K R，et al. How Should We Understand the Digital Economy in Asia? Critical Assessment and Research Agenda ［J］. Electronic Commerce Research and Applications，2020（44）：101004.

［11］Ma D，Zhu Q. Innovation in Emerging Economies：Research on the Digital Economy Driving High-quality Green Development ［J］. Journal of Business Research，2022（145）：801-813.

［12］Max Nathan，Anna Rosso. Measuring the UK's Digital Economy with Big Data ［M］. London：National Institute of Economic and Social Research，2013.

［13］Pan W，Xie T，Wang Z，et al. Digital Economy：An Innovation Driver for Total Factor Productivity ［J］. Journal of Business Research，2022（139）：303-311.

［14］Putri S O，Yahya A S，Attahira A，et al. Digital Economy Growth in Singapore and Thailand Following the Post－COVID－19 Pandemic ［J］. Journal of Eastern European and Central Asian Research（JEECAR），2023（02）：174-180.

［15］Wuttke D A，Blome C，Heese H S，et al. Supply Chain Finance：Optimal Introduction and Adoption Decisions ［J］. International Journal of Production Economics，2016（178）：72-81.

［16］Zhao YuHao. Research on Personal Credit Evaluation of Internet Finance Based on Blockchain and Decision Tree Algorithm ［J］. Eurasip Journal on Wireless Communications and Networking，2020（02）：1-12.

［17］蔡跃洲. 数字经济的增加值及贡献度测算：历史沿革、理论基础与方法框架 ［J］. 求是学刊，2018，45（05）：65-71.

［18］钞小静，元茹静．数字技术对制造业与服务业融合发展的影响［J］．统计与信息论坛，2023，38（04）：33-47.

［19］陈国辉，张杰．中国与东盟数字经济合作进展、挑战及对策［J］．桂海论丛，2021，37（05）：77-83.

［20］陈敏冲，杜奇华．共建"数字丝绸之路"背景下中国—东盟数字经济合作研究［J］．广西社会科学，2022（11）：45-51.

［21］陈楠，蔡跃洲（2019）．数字经济热潮下中国 ICT 制造业的发展质量及区域特征——基于省域数据的实证分析［J］．中国社会科学院研究生院学报，2019（05）：23-40.

［22］陈晓红．数字经济时代的技术融合与应用创新趋势分析［J］．中南大学学报（社会科学版），2018，24（05）：1-8.

［23］陈祝康．中国与东盟智慧城市合作研究［D］．南京：南京大学，2021.

［24］成浩泉．东盟数字经济的发展与中国—东盟共建数字丝绸之路研究［D］．昆明：云南大学，2021.

［25］程立国，陈健恒，徐永红．大数据在金融业的应用初探［J］．中国金融电脑，2013（10）：69-73.

［26］迟明园，石雅楠．数字经济促进产业结构优化升级的影响机制及对策［J］．经济纵横，2022（04）：122-128.

［27］董晶．中国—东盟共建"数字丝绸之路"：机遇、挑战与路径选择［J］．独秀论丛，2020（02）：171-185.

［28］关梓祎．中国—东盟数字经济合作机制和路径研究［D］．北京：北京外国语大学，2023.

［29］郭朝先，胡雨朦．中外云计算产业发展形势与比较［J］．经济与管理，2019，33（02）：86-92.

［30］郭瑞波，陈永．物联网应用于金融服务的模式研究［J］．实验技术与管理，2014，31（11）：137-139.

［31］郭玉．数字经济对生产性服务贸易效率的影响［D］．成都：四

川大学，2022.

［32］韩嵩，吴海建．区域产业关联与波及效应统计研究：兼论京津冀物流业［M］．北京：中国统计出版社，2019.

［33］何培育．基于互联网金融的大数据应用模式及价值研究［J］．中国流通经济，2017，31（05）：39-46.

［34］华欣，汪文杰．新型基础设施建设：中国与东盟数字合作的新支撑［J］．对外经贸实务，2020（09）：15-18.

［35］黄杰．中国互联网金融发展的空间关联研究［J］．统计与决策，2021，37（12）：127-130.

［36］姜志达，王睿．中国—东盟数字“一带一路”合作的进展及挑战［J］．太平洋学报，2020，28（09）：80-91.

［37］蒋凌燕，王晓光．物联网技术下重复质押风险的防范［J］．计算机工程与应用，2019，55（9）：223-229.

［38］矫萍，田仁秀．数字技术创新赋能现代服务业与先进制造业深度融合的机制研究［J］．广东财经大学学报，2023，38（01）：31-44.

［39］金丹，杜方鑫．中越共建“数字丝绸之路”的机遇、挑战与路径［J］．宏观经济管理，2020（04）：78-83+90.

［40］金星晔，伏霖，李涛．数字经济规模核算的框架、方法与特点［J］．经济社会体制比较，2020（04）：69-78.

［41］荆文君，孙宝文．数字经济促进经济高质量发展：一个理论分析框架［J］．经济学家，2019（02）：66-73.

［42］康铁祥．中国数字经济规模测算研究［J］．当代财经，2008（03）：118-121.

［43］李江浩．东盟数字经济发展水平研究［D］．兰州：兰州财经大学，2023.

［44］李猛，翟莹．构建“一带一路”数字经济合作发展保障机制研究［J］．北京航空航天大学学报（社会科学版），2023，36（04）：97-104.

［45］李帅娜．数字技术赋能服务业生产率：理论机制与经验证据［J］．经济与管理研究，2021，42（10）：51-67.

［46］李万利，潘文东，袁凯彬．企业数字化转型与中国实体经济发展［J］．数量经济技术经济研究，2022，39（09）：5-25.

［47］李文军，李玮．我国大数据产业和数据要素市场发展的问题与对策［J］．企业经济，2023，42（03）：26-36.

［48］李向阳．大数据技术应用对上市公司绩效影响的实证分析［J］．东岳论丛，2021，42（01）：117-124.

［49］李晓华．数字技术推动下的服务型制造创新发展［J］．改革，2021（10）：72-83.

［50］李云龙，赵长峰，马文婧．泰国数字经济发展与中泰"数字丝绸之路"建设［J］．广西社会科学，2022（06）：48-56.

［51］梁昊光，焦思盈．RCEP框架下数字经济合作与区域经济治理研究［J］．国际经济合作，2022（4）：4-13.

［52］林大伟，刘伯健，余俊杰．中国—新加坡数字平台合作［J］．中国—东盟研究，2021（02）：49-63.

［53］林梅，周漱瑜．印尼数字经济发展及中国与印尼的数字经济投资合作［J］．亚太经济，2020（03）：53-64+150.

［54］林心怡，吴东．区块链技术与企业绩效：公司治理结构的调节作用［J］．管理评论，2021，33（11）：341-352.

［55］刘淑春．中国数字经济高质量发展的靶向路径与政策供给［J］．经济学家，2019（06）：52-61.

［56］刘洋，陈晓东．中国数字经济发展对产业结构升级的影响［J］．经济与管理研究，2021，42（08）：15-29.

［57］刘园园．马来西亚与中国的数字"一带一路"合作［J］．中国商论，2020（16）：90-91.

［58］刘志鹏，刘霞，杨国梁．中国省域电子信息制造业效率及演化研究［J］．科技管理研究，2019，39（19）：148-154.

［59］罗良清，平卫英，张雨露．基于融合视角的中国数字经济卫星账户编制研究［J］．统计研究，2021，38（01）：27-37.

［60］牛东芳，张宇宁，黄梅波．新加坡数字经济竞争力与全球治理贡献［J］．亚太经济，2023（03）：95-108.

［61］潘为华，贺正楚，潘红玉．中国数字经济发展的时空演化和分布动态［J］．中国软科学，2021（10）：137-147.

［62］潘娅媚．物联网技术对供应链金融业务的影响与对策［J］．山东社会科学，2017（06）：130-134.

［63］彭刚，朱莉，陈榕．SNA视角下我国数字经济生产核算问题研究［J］．统计研究，2021，38（07）：19-31.

［64］秦荣生．大数据、云计算技术对审计的影响研究［J］．审计研究，2014（06）：23-28.

［65］孙睿，何大义，苏汇淋．基于演化博弈的区块链技术在供应链金融中的应用研究［J］．中国管理科学，2024，32（03）：125-134.

［66］万晓榆，罗焱卿．数字经济发展水平测度及其对全要素生产率的影响效应［J］．改革，2022（01）：101-118.

［67］王欢，王增民．中国电信业发展与经济增长关系的区域差异——基于东部和西部面板数据的实证研究［J］．软科学，2014，28（07）：11-14.

［68］王军，朱杰，罗茜．中国数字经济发展水平及演变测度［J］．数量经济技术经济研究，2021，38（07）：26-42.

［69］王俊豪，周晟佳．中国数字产业发展的现状、特征及其溢出效应［J］．数量经济技术经济研究，2021，38（03）：103-119.

［70］王睿．东盟网络安全政策与中国—东盟合作［J］．国际问题研究，2023（01）：72-92+133.

［71］王伟玲，吴志刚．新冠肺炎疫情影响下数字经济发展研究［J］．经济纵横，2020（03）：16-22.

［72］王媛媛．中国与"一带一路"沿线国家数字经济合作研究

[J]. 东岳论丛，2022，43（11）：165-172.

[73] 吴非，胡慧芷，林慧妍等. 企业数字化转型与资本市场表现——来自股票流动性的经验证据 [J]. 管理世界，2021，37（07）：130-144+10.

[74] 吴瑛. 数字经济产业的演化及相关概念辨析 [J]. 浙江万里学院学报，2021，34（01）：16-19.

[75] 习近平. 命运与共　共建家园——在中国—东盟建立对话关系30周年纪念峰会上的讲话 [J]. 中华人民共和国国务院公报，2021（34）：5-7.

[76] 席艳玲，时保国. 中国电子信息制造业集聚发展与空间布局优化——基于省级面板数据的经验证据 [J]. 甘肃行政学院学报，2017（02）：99-113+126.

[77] 向书坚，吴文君. 中国数字经济卫星账户框架设计研究 [J]. 统计研究，2019，36（10）：3-16.

[78] 肖燕飞，钟文彬. 关于物联网优化供应链金融服务的思考 [J]. 商业时代，2012（32）：74-75.

[79] 徐国虎，田萌. 大数据系统实施对企业绩效影响的实证研究 [J]. 科技进步与对策，2017，34（16）：98-105.

[80] 徐强，熊晓娇. 云计算服务核算：影响、挑战与改进思路 [J]. 统计与信息论坛，2023，38（08）：14-27.

[81] 徐怡雯，韩璐. 跨境数据流动治理困境与中国—东盟数字经济合作策略优化 [J]. 东南亚纵横，2022（06）：90-100.

[82] 许宪春，张美慧. 中国数字经济规模测算研究——基于国际比较的视角 [J]. 中国工业经济，2020（05）：23-41.

[83] 许翔宇，杜雨珊，许培源. 中国—东盟数字经济合作水平及潜力研究 [J]. 亚太经济，2023（02）：34-45.

[84] 易子榆，魏龙，王磊. 数字产业技术发展对碳排放强度的影响效应研究 [J]. 国际经贸探索，2022，38（04）：22-37.

［85］于淼．东盟数字经济发展及对外合作研究［D］．北京：外交学院，2022．

［86］于文轩．大数据之殇：对人文、伦理和民主的挑战［J］．电子政务，2017（11）：21-29．

［87］余潇枫，潘临灵．智慧城市建设中"非传统安全危机"识别与应对［J］．中国行政管理，2018（10）：127-133．

［88］袁淳，肖土盛，耿春晓等．数字化转型与企业分工：专业化还是纵向一体化［J］．中国工业经济，2021（09）：137-155．

［89］张龙鹏，钟易霖．价值链视角下人工智能应用对全要素生产率的影响——基于中国 A 股上市公司的实证研究［J］．经济体制改革，2023（04）：106-113．

［90］张群．中国—东盟数字经济产业合作的机遇、挑战与前景［J］．国际关系研究，2023（03）：43-61+156-157．

［91］张新春，张婷．数字技术下社会再生产分层：表现、实质与启示［J］．教学与研究，2022（02）：27-38．

［92］张新春．数字技术下社会再生产分层探究［J］．财经科学，2021（12）：52-63．

［93］张雪春，杨嬿．东盟数字贸易现状分析及中国—东盟数字贸易关系展望［J］．区域金融研究，2022（11）：5-15．

［94］张雅冬．东盟国家数字基础设施建设研究［D］．厦门：厦门大学，2021．

［95］张永姣，丁少斌，方创琳．中国数字经济产业发展的时空分异及空间收敛性分析——基于企业大数据的考察［J］．经济地理，2023，43（03）：120-130．

［96］张远鹏，于诚．让数字经济成为高质量发展新动能［J］．群众，2021（02）：23-24．

［97］赵宸宇，王文春，李雪松．数字化转型如何影响企业全要素生产率［J］．财贸经济，2021，42（07）：114-129．

［98］赵静．深化中国—东盟数字丝绸之路合作［J］．中国经贸导刊，2021（09）：24-25.

［99］赵朋．东盟国家"智慧城市"建设与中国企业的参与策略研究［D］．北京：对外经济贸易大学，2018.

［100］赵祺．中国—东盟数字经济合作的机遇与挑战［J］．学术探索，2022（07）：59-66.

［101］赵儒南．《数字经济伙伴关系协定》背景下中国—东盟数字经济合作新路径［J］．广西社会科学，2022（09）：56-63.

［102］中国信息通信研究院．中国数字经济发展研究报告（2023年）［R］．中国信息通信研究院研究报告，2023.

［103］朱发仓，乐冠岚，李倩倩．数字经济增加值规模测度［J］．调研世界，2021（02）：56-64.

［104］陈瑶雯，范祚军．打造国内国际双循环市场经营便利地，把区位优势转化为高水平开放优势［N］人民日报，2024-06-26（09）.

［105］程云斌．进一步优化营商环境推进高水平对外开放［J］．中国行政管理，2022（12）：153-155.

［106］丁东铭，魏永艳．优化对外开放营商环境进程中面临的挑战与对策［J］．经济纵横，2020（05）：109-114.

［107］罗玉辉，侯为民．共建"一带一路"下中国企业"走出去"：成就、挑战与应对［J］．亚太经济，2024（03）：40-50.

［108］彭健，白佳倩．数字丝绸之路建设下的中国数字企业出海［J］．经济论坛，2024（05）：98-104.

［109］于洪君．扩大人文交流与合作，强化中国—东盟命运共同体意识［J］．公共外交季刊，2020（04）：1-6.

［110］翟崑，陈旖琦．第三个奇迹：中国—东盟命运共同体建设进程及展望［J］．云南师范大学学报（哲学社会科学版），2020，52（05）：134-144.

［111］王勤．东盟国家数字基础设施建设的现状与前景［J］．南亚东

南亚研究，2022（05）：90-101+156-157.

［112］International Telecommunication Union. Digital trends in Asia and the Pacific 2021［EB/OL］. https：//www. itu. int/md/D18-RPMASP-C-0002/en.

［113］OECD. In It Together：Why Less Inequality Benefits All［R］. OECD Publishing，Paris，2014.

［114］深圳—新加坡智慧城市合作联合执委会举行首次会议［EB/OL］. http：//sz. people. com. cn/n2/2020/0618/c202846-34095711. html.

［115］越南中国商会网. 越南数字经济的潜力及挑战［EB/OL］. ht-tp：//www. vietchina. org/ssxw/11764. html.

［116］中共中央网络安全和信息化领导小组办公室：二十国集团数字经济发展与合作倡议［EB/OL］. http：//www. cac. gov. cn/2016-09/29/c_1119648520. htm.

［117］中国—东盟智慧城市合作倡议领导人声明［EB/OL］. https：//www. ndrc. gov. cn/fggz/cxhgjsfz/dfjz/201911/t20191108_1201879. html.

［118］中国—东盟智慧城市合作交流会在南宁圆满召开［EB/OL］. http：//fgw. nanning. gov. cn/fggz/dzzw/t2539217. html.

［119］中国新加坡开展创新智慧城市"双区互动"［EB/OL］. ht-tp：//sg. xinhuanet. com/2013-11/08/c_125669825. htm.

［120］ASEAN Digital Generation Report：Pathway to ASEAN's Inclusive digital Transformation and Recovery［J］. World Economic Forum，October 2021：5.

［121］PETER LOVE LOCK. The New Generation of"Digital"Trade Agreements：Fit for Purpose?［EB/OL］. https：//www. pecc. org/resources/regional-cooperation/2661-state-of-the-region-report-2020/file.

［122］振企业和消费者市场的增长势头［EB/OL］. https：//www. kearney. com/documents/291362523/296359070/5G+in+ASEAN+Reigniting+Growth+in+Enterprise+and+Consumer+Markets.